那 先 比 丘 經

나선비구경

밀린다왕문경

미란왕과 나가세나 존자의 대화

제안용하 스님 편역

비움과소통

목 차

귀경게 ·································· 5
대반열반경의 말씀들 ······················· 7
의상조사 화엄경 법성게 ····················· 10
들어가면서 ····························· 12
1. 미란왕 ····························· 16
2. 왕의자랑 ··························· 19
3. 성자들의 논의 ······················· 23
4. 로하나 성자의 임무 ···················· 27
5. 나선의 출생 ························· 30
6. 불연 ····························· 34
7. 나선의 출가 ························· 38
8. 나선의 사명 ························· 42
9. 도심(道心) ·························· 46
10. 크게 도를 이루다 ···················· 49
11. 기괴한 느낌 ························ 53
12. 숙세의 인연 ························ 59
13. 무아의 증명 ························ 64
14. 나이에 대한 질문 ···················· 72
15. 문답의 태도 ························ 74
16. 출가의 목적 ························ 77
17. 재생에 대한 문제 ···················· 80
18. 생각과 지혜 ························ 82
19. 계율에 대하여 ······················ 84

20. 신(信)의 특징 ································· 87

21. 정진과 염 ································· 90

22. 선정과 지혜 ································· 93

23. 해탈자는 재생 여부를 아는가의 문제 ············· 96

24. 고통과 자살 ································· 98

25. 현세의 죄를 내세에 면할 수 있느냐의 문제 ······· 101

26. 차별의 문제 ································· 105

27. 열반의 경계 ································· 108

28. 성자와 속인의 다른 점 ······················· 110

29. 영혼의 문제 ································· 113

30. 부처님의 존재 ······························· 117

31. 일념의 신심 ································· 121

32. 알고 짓는 죄와 모르고 짓는 죄 ················· 125

33. 복과 죄는 어느 쪽이 더 큰가? ················· 127

34. 이 몸으로 천상에 갈 수 있나? ················· 129

35. 마음은 미리 닦아야만 하는가의 문제 ············· 131

36. 윤회란 무엇인가? ··························· 133

37. 모태에 들어가는 것에 대한 질문 ··············· 135

38. 죽은 자에게 공덕 짓는 문제 ··················· 138

39. 선과 악은 어느 쪽이 큰가? ··················· 141

40. 세상에 존재하지 않는 것이 무엇인가? ··········· 146

41. 왜 세상에 두 부처님이 나시지 않나? ··········· 149

42. 출가의 필요성은 무엇인가? ··················· 152

43. 출가자의 속퇴에 관한 질문 ··················· 155

44. 죽음의 공포 ································· 164

45. 황금의 우리 ································· 169

나선 비구(나가세나 존자)의 진영.

귀경게(歸敬偈)

그 행위가 모든 세간에 이익을 주는 성자(聖者),
부사의(不思議)한 힘을 지닌
최상의 도사(導師)에게 귀의(歸依)합니다.

그 행이 구족하면서도
출가하여 무상의 깨달음을 얻은
성자가 공경하는
최상의 법(法)에 귀의합니다.

계율행의 공덕을 갖추고
네 가지 과위에 이르며
무상의 복전이 되는
성스러운 승가(僧伽)에 귀의합니다.

이 세 가지 보배에 귀의함으로
복이 생기고 그 위력에 의하여
모든 장애는 끊어졌습니다.

《나선 비구경》은 물음과 대답으로 이루어졌나니,
이 경은 그대들에게 복을 주리니,
이 오묘한 물음에 귀를 기울이라.

대반열반경 '광명변조 고귀덕왕 보살품' 中
세상에서 좀처럼 만나기 어려운 여섯 가지 인연

1. 부처님께서 세상에 나오심을 만나기가 어렵고,
2. 바른 진리 법 듣기 어렵고,
3. 두려워하는 마음을 내기 어렵고,
4. 바른 나라에 태어나기 어렵고,
5. 사람의 몸을 얻기 어렵고,
6. 모든 감각기관을 구족하기 어려운 것이다.

중생은 무엇으로 보시하는가?
이는 다섯 가지 사항으로 나타나느니,

1. 물질적인 보시: 재물, 곡식, 의복 등
2. 힘을 보시: 물리적인 도움. 물건을 들어주고, 옮겨주는 등.
3. 편안함을 보시: 집이나 의자 등의 휴식공간을 제공함.
                마차, 자동차 등을 태워줌.
4. 수명을 보시: 먹는 음식, 약초, 치료 등.
5. 변재를 보시: 남에게 말로써 도움을 줌. 위로, 변론 등.

대반열반경 '광명변조 고귀덕왕 보살품' 中
중생의 수명을 단축시키는 아홉 가지 악습

1. 먹어서 편안하지 않은 것을 알면서도 그것을 먹는 것이요,

2. 너무 많이 먹는 것이요,

3. 전날에 지어먹는 음식이 소화되기 전에 또 다시 먹는 것이요,

4. 대변, 소변의 시기를 따르지 않는 것이오,

5. 병이 났을 때 의원의 지시를 따르지 않는 것이요,

6. 간병하는 사람의 지시를 따르지 않는 것이요,

7. 억지로 참고 토하지 않는 것이요,

8. 밤에 행동하는 것이니, 밤에 행동하기 때문에 악귀가 침범함이요,

9. 집안의 방이 정도를 지나친 것이요.

의상조사 화엄경 법성게
義湘祖師 華嚴經 法性偈

법성원융무이상
法性圓融無二相

제법부동본래적
諸法不動本來寂

무명무상절일체
無名無相絶一切

증지소지비여경
證智所知非餘境

진성심심극미묘
眞性甚深極微妙

불수자성수연성
不守自性隨緣成

일중일체다중일
一中一切多中一

일즉일체다즉일
一卽一切多卽一

일미진중함십방
一微塵中含十方

일체진중역여시
一切塵中亦如是

무량원겁즉일념
無量遠劫卽一念

일념즉시무량겁
一念卽是無量劫

구세십세호상즉
九世十世互相卽

잉불잡란격별성
仍不雜亂隔別成

초발심시변정각
初發心時便正覺

생사열반상공화
生死涅槃常共和

이사명연무분별
理事冥然無分別

십불보현대인경
十佛普賢大人境

능인해인삼매중
能仁海印三昧中

번출여의부사의
繁出如意不思議

우보익생만허공
雨寶益生滿虛空

중생수기득이익
衆生隨器得利益

시고행자환본제　　　　파식망상필부득
是 故 行 者 還 本 際　　口 息 妄 想 必 不 得

무연선교착여의　　　　귀가수분득자량
無 緣 善 巧 捉 如 意　　歸 家 隨 分 得 資 糧

이타라니무진보　　　　장엄법계실보전
以 陀 羅 尼 無 盡 寶　　莊 嚴 法 界 實 寶 殿

궁좌실제중도상　　　　구래부동명위불
窮 坐 實 際 中 道 床　　舊 來 不 動 名 爲 佛

들어가면서

　　《나선 비구경》은 동진(東晉)시대, 즉 기원후 4세기경 한역된 경전으로, 나선(那先, 혹은 나가세나nagasena)이라는 인도의 스님과 미란(彌蘭, 혹은 밀린다milinda)이라 불리는 왕의 대화를 담은 경전입니다. 그 시대적 배경은 기원전 2세기경으로, 석가모니 부처님이 열반하신지 대략 300년이 흐른 후입니다. 그러므로 엄밀히 따지자면 이 경에 부처님의 말씀에 붙이는 '경(經)'이라는 명칭을 붙이는 것은 적절하지 못한 것이고, 실제로 이 경에서는 부처님의 말씀을 직접적으로 인용하는 내용이 등장하지 않습니다. 그럼에도 불구하고 예로부터 이것을 굳이 나선비구'경'이라고 불러온 이유는 무엇일까요? 우리는 이 문제에 대해서 곰씹어 생각해볼 필요가 있습니다.

　　미란왕은 기원전 2세기경 인도 서북부의 간다라 지역을 지배했던 왕입니다. 이 지역은 알렉산더 대왕이 원정하여 지배한 이래로 줄곧 서양인 왕의 통치하에서 서양 문명의 영향 속에서 발전해온 곳입니다. 미란왕 역시 그리스 출신의 왕으로서 당시에 인도 전역에서 정치, 군사적으로 이름을 떨치던 통치자였습니다. 알다시피 서양의 사고방식은 이성과 합리적 의심을 바탕으로 하는 것을 이상적인 사유체계로 삼습니다. 미란왕과 나선 비구의 만남과 대화는 바로 이러한 동서양의 철학적 만남을 뜻하는 것이며, 서구의 사유체계에 입각하여 불교가 과연 진리인지, 수승한 가르침인지 여부를 따지는 토론과 검증의 장입니다.

경에서 나선 비구는 미란왕의 날카로운 질문을 맞아 전혀 동요됨이 없습니다. 오히려 미란왕의 이해를 위하여 난해한 전문 용어와 개념을 사용하지 않으면서도 적절한 비유를 통하여 불교의 근본교리를 명쾌하게 선설하고 있습니다. 그 대화의 내용도 광범위하여 존재론적인 문제에서 시작하여 영혼, 윤회의 문제, 불교적 인식론, 과보의 문제, 부처의 궁극적 해탈과 열반의 문제 등, 사실상 불교교리의 제반문제를 모두 언급하고 있습니다.

그러므로 《나선 비구경》은 불교를 전문적으로 공부하고 참구하는 스님과 학자를 위한 경이라기 보다는,
1. 불교를 처음 접하는 이를 위한 경이요,
2. 불교의 가르침을 아직 마음 혹은 머리로 받아들이지 못하는 이를 위한 경이요,
3. 불교의 전반적인 가르침을 이해하고자 하는 이를 위한 경이요,
4. 나아가 쉽고 명쾌한 비유를 통하여 보다 깊은 불교적 사유로 인도하는 경이며,
5. 불교를 이미 깊이 공부해온 스님과 학자들 역시 의혹의 마장이 무시로 찾아들 때마다 되쇄겨 봐야할 경입니다.

이는 모든 중생의 깨달음과 해탈을 추구하는 대승의 가르침과 가장 부합하는 점이라 하겠습니다. 실제로 이 경의 배경이 되는 시기를 기점으로 인도 서북부를 중심으로 대승불교의 문

화가 꽃피우기 시작하였다는 점을 생각했을 때, 《나선 비구경》이 대승불교의 발전사에 있어서 시사하는 바의 의미는 크다 하겠습니다.

이와 같은 맥락에서 본다면, 왜 이 《나선비구경》이 경으로서의 조건이 갖추어지지 않았음에도 불구하고 '경'이라는 명칭을 얻었는지 충분히 이해할 수 있겠습니다. 명심해야할 것은 이 같은 본경의 특점은 오늘날 우리 불자들에게도 매우 유용하고 의미가 깊다는 것입니다. 서양의 문화와 사고에 익숙해진 현대사회에서 불교를 바라볼 때 일어날 수 있는 호기심과 의심의 내용들은 미란왕의 그것과 크게 다르지 않으리라 확신합니다.

아무쪼록 《나선 비구경》을 공부하는 인연이 새로운 시각에서 불교의 가르침들을 되새길 수 있는 기회가 되고, 이를 통해 마치 미란왕이 그랬듯이, 부처님 말씀에 대한 보다 쉽고도 명쾌한 깨달음의 길을 얻기를 기원합니다.

정유년, 제안 용하 합장

일 러 두 기

1. 《나선비구경》은 고려장경본, 송장경본, 팔리어본 등 여러 판본들이 전해지고, 그에 따른 다소의 내용상 차이가 존재합니다.
2. 본 교재는 송장경본을 주로 하되, 강의 일정상의 안배를 위하여 부분적인 내용의 선별, 취합 및 편집의 과정을 거쳤음을 알려드립니다.
3. 본 교재는 동해불교대학 강의를 목적으로 제작된 것임을 알립니다.

1. 미 란 왕

이것은 지금으로부터 약 이천년 전, 그리스의 알렉산더 대왕이 한때 인도를 정복하어 인도의 서북부지방이 그들의 식민지가 되었을 때의 이야기입니다.

그들 그리스 사람들은 인도의 기후 좋고 가장 살기 좋은 곳에 모여 살게 되어 사갈라라는 대단히 훌륭한 도시를 만들었습니다.

그 도시는 당시 통상무역의 중심지였습니다. 게다가 산수가 수려하고, 수풀이 울창하며, 꽃들은 시시로 연달아 피며, 앵무, 공작 등 기타 온갖 고운 새들이 즐겨 노래하는, 그야말로 도시의 자연 그대로가 일대 공원과 같이 아름다웠습니다.

도시의 변두리는 깊은 연못과 높은 성벽으로 둘러싸였고, 웅장한 성루(城樓)와 굳센 대문으로 외부에 통하며, 수비는 언제나 엄중할 뿐 아니라, 적군은 모조리 소탕되어 누구도 이 도시의 평화를 위협하는 자 없이 시민들은 모두 안심하고 각자의 업무에 충실하며 행복한 생활을 즐기고 있었습니다.

시내에는 넓은 광장과 십자로, 시장 등이 곳곳에 있고, 관청, 학교, 병원 등 당당한 건물들이 즐비하게 서 있으며, 의복점, 식품점, 여관, 청과점 등 없는 상점이 없고, 꽃 파는 시장에서 나는 향기는 온 시중을 덮고, 보석을 파는 시장에서는 다이아몬드, 루비, 사파이어 등 가지각색의 보석이 찬란한 빛을 발하였습니다. 또 그 사이를 참나무처럼 굳세고 씩씩한 남자들과 무우수(無憂樹)[1]꽃같이 아름다운 여자들이 활발히 왕래하고 있었습니다.

그리고 나라의 창고나 시민들의 곳간에는 생활에 필요한 모든 수용품이 가득 찼으며, 그 살기 좋은 모양은 흡사 울단월[2]의 국토와 같고 천계에 있는 아라카 만다의 수도와도 같았습니다.

그곳의 시민들은 평화를 사랑하고, 학문을 즐기며, 종교를 숭상하고, 철리(哲理)를 좋아하여, 서로 다투어 고승과 학자들을 환영했기 때문에 여러 나라의 석학과 현인들이 마치 쇠가 자석에 이끌리듯 스스로 모여들었습니다.

사갈라는 실로 이러한 도시였고, 이러한 도시를 다스리는 임금이 바로 미란왕이었습니다. 왕은 본래 그리스의 식민지인 아라난다에서 출생한 순수한 왕족이요, 그리스의 사람이었습니다.

왕은 본시부터 누구보다도 강인한 성품과 영민하고 투철한 두뇌의 소유자로 당시 인도에 있는 모든 철학, 종교, 문학, 기예에 통달하여 스스로 천하제일의 박학다식한 자로 자인하였고, 또 남들도 그렇게 인정하였습니다. 특히 왕은 변론(辯論)에 뛰어나 어떠한 논객이라도 왕의 무애(無碍)한 변설(辯舌)과, 치밀한 논법과 심원(深遠)한 문제 앞에서는 도저히 당해내지 못하였습니다.

왕은 단지 지력(知力)에서만이 그러했을 뿐 아니라, 그 체력(體力)에 있어서도 절륜(絶倫)하여 비할 사람이 없었고, 거기에 안으로는 거액의 재산을 쌓고 밖으로는 무적을 자랑하는 군대를 가졌으니, 그 융성한 세력이야말로 마치 하늘에 빛나는 태양과도 같았습니다.

---

1) 근심이 없는 나무. 석가모니 부처님이 룸비니의 이 나무 아래에서 태어나셨다 한다.
2) 사주(四洲) 중 가장 살기 좋은 섬. 사주(四洲)에는 동(東)불바제 서(西)구타니 남(南)염부제 북(北)울단월이 있다.

<Questions of king Milinda>의 삽화.

2. 왕王의 자랑

어느 날 미란왕은 시의 광장에서 성대한 관병식(觀兵式)을 거행하였는데, 구름같이 많은 군사가 대오를 지어 보무도 당당히 움직이는 모양이 마치 한 사람이 움직이듯 자유자재 하였습니다.

이를 유연히 관망하고 있던 왕의 가슴에는 득의(得意)와 자신으로 무한한 자랑을 느꼈습니다.

왕은 빛나는 태양을 돌아보고는 신하들을 향하여 말했습니다.

"열병식(閱兵式)은 이로써 끝마쳤지만 해가 지기에는 아직 멀었으니 지금 궁전으로 돌아간들 무엇하겠는가!

이제 이 성중에 있어서 현자, 사문, 바라문들 중에 누구든지 능히 많은 제자와 신도를 거느리며, 대중들의 존경을 받고 응공(應供: 능히 대중의 공양에 응할 자격이 있는 어른), 등각(等覺: 道를 깨친 사람)의 장로(長老) 소리를 듣는 자 중에 나와 대론(對論)하여 나의 의혹을 풀만한 사람이 없겠는가?"

한 신하가 대답했다.

"폐하의 상대가 될 만한 사람이 있을 것 같지 않습니다만, 지금의 학계에서 대략 세평(世評)의 중심이 되어있는 사람으로는 푸우라나 카아샤파, 막카라 고오사알라, 니긴타 니아타붓타, 산자야 베라붓타, 아지타 케사캄발라, 파쿠다 캇차아야나의 여섯 사람인데, 이분들은 모두 일파의 수령들로서 각각 다수의 제자와 신도를 거느리고 시민 전체에게 비상한 존경을 받고 있습니다. 이런 분들과 한 번 상대해 보심이 어떨까 하나이다."

그러자 왕은 근시(近侍)들을 이끌고 먼저 푸우라나 카아샤파를 찾았습니다.

　서로 정중한 인사를 마친 다음, "푸우라나 카아샤파여!" 하면서 먼저 왕이 입을 열었습니다.

　"이 세계를 받치고 있는 것은 무엇일까요?"

　"대왕이시여! 그것은 물론 땅입니다. 땅 밖에 이 세계를 받치고 있는 것이 있겠습니까?"

　"그렇다면 푸우라나 카아샤파여! 과연 땅이 세계를 받치고 있는 것이라면 무간지옥(無間地獄: 쉴 새 없이 가장 큰 고통을 받는 지옥)으로 가는 중생은 어떻게 하여 땅을 넘어갑니까?"

　푸우라나 카아샤파는 이 물음에 대답하지 못했습니다.

　그는 말없이 입을 다물어 버렸으므로 왕은 거기서 물러나와 막칼리 고오사알라3)의 집을 찾았습니다.

　"막칼리 고오사알라여! 세상 사람은 업(業)4)이라는 말을 하지만 과연 업(業)이라는 것이 있습니까? 또 선업(善業), 악업(惡業)의 과보라는 것이 실제 있는 것일까요?"

　"대왕이시여! 업이라든지 과보(果報)라든지는 실체가 없는 헛된 관념에 지나지 않습니다.

　그러므로 대왕이시여! 이 세상에 왕자(王者)인 자는 다음 세상에도 왕자(王者)가 되고, 승려인 자는 다음 세상에도 승려가 되며, 기타 서민이나 노예도 역시 언제 어느 세계에 나더라도 서민은 서민, 노예는 노예로 밖에 되지 않습니다. 따라서 선악의 행동에 대한 과보라는 것도 있을 까닭이 없습니다."

---

3) 이 사람은 당시에 무인(無因), 무과(無果)를 주장하는 외도임.
4) 선악결과의 원인이 되는 행위. 잘못된 습관

"존자여! 만약 존자의 말씀과 같다면 같은 원리로 이 세상에서 손을 잃은 자는 미래세에도 손 없는 사람이 되고, 발을 끊기고, 귀를 잘리고, 코를 베인 자는 다음 세상에도 발 없는 자, 귀 없는 자, 코 없는 자로 태어나겠군요?"

"그렇습니다. 대왕이시여! 현세에서 수족을 잘리고 코를 베인 자는 다음 세상에도 수족 없는 자, 코 없는 자로 태어납니다."

"나는 당신의 말을 믿을 수 없소!"

이어서 미란왕은 그를 보고 이와 같이 말하였습니다.

"막칼리 고오사알라여! 내가 만약 당신에게 '존자! 선업이 있습니까?'고 묻는다면, 당신은 어리석기 때문에 또 이와 같이 대답하리라. '다음 생에 태어나게 되는 업에 따라서 태어나리라'고."

막칼리 고오사알라는 이와 같이 모욕적이요, 치욕적인 인사를 받고서 대항하지도 못하고, 달아나지도 못하고, 또 숨어버리지도 못하고, 근심에 찬 얼굴로 침묵만 지키고 앉아 있을 뿐이었습니다.

해는 이미 저물고 어느새 동녘 하늘에는 둥근 달이 휘황하게 밝아 올랐습니다.

미란왕은 억누를 수 없는 만족의 웃음을 지으며 대중들을 향하여 이와 같이 말하였습니다.

"아! 참으로 상쾌한 달빛이구나!"

다시 다른 사문, 바라문들 중에 제자와 신자를 거느리고 대중들의 스승이며 능히 응공(應供), 등각(等覺)이라 불리는 자로서, 나와 대론하여 나의 의혹을 풀만한 자가 없겠는가? 나는 찾고 싶다!

이렇게 세 번을 묻고 대중을 둘러보았지만 아무도 '어디에 누가 있다'는 말을 하는 사람이 없고 모두 침묵하여 왕의 얼굴만 쳐다보고 있을 뿐이었습니다.

대왕이여! 아라한은 일체의 윤회하는 근본을 끊었으며,
입태入胎하여 다시 태어나는 근본을 끊었으며,
모든 번뇌 집착의 근본을 끊었으며,
무든 선과 악의 근본을 끊었으며,
모든 식識의 종자種子와 무명無明을 끊었으며,
내지 세간법世間法의 전부를 끊어 초월하였습니다.
대왕이여! 아라한에게는 칼에 대한 두려움도,
죽음에 대한 공포도 있을 조건이 없는 것입니다.
-나선비구경

3. 성자聖者들의 논의

그 무렵 히말라야의 설산(雪山)중에 유건다라라는 산이 있고 그 산중에 랏기다 굴이라는 곳에 무수한 성자(聖者)들이 살고 있었습니다.

그 성자들 가운데에 이 산중을 거느리는 앗사굿다 존자라는 큰 장로가 있어 랏기다 굴에 앉아 미란왕의 이 같은 물음의 말을 천이통(天耳通: 세상의 모든 소리를 들을 수 있는 지혜)으로 듣게 되어, 그가 이끄는 정법승단(正法僧團)의 권위를 위해서라도 이 소리를 듣고만 있을 수 없어, '어떻게든 왕을 설복시키고 그의 의혹을 풀어주어야겠다'는 생각을 하게 되어 유건다라의 산꼭대기에 모든 성자들을 소집하여 큰 산중회의를 열었습니다.

"지금 사갈라성의 미란왕은 자기의 세지변총(世智辯聰)을 믿고 푸우라나 카아사파, 막칼리 고오사알라 등의 외도(外道)들을 설파하고는 다시 '사문, 바라문들 중에 누구든지 자기와 대론할 자가 없겠는가!' 하고 대중들에게 물어도 아무도 대답하는 사람이 없으니, 사갈라의 성내에서는 전혀 그를 상대할 인물이 없는 모양입니다.

그뿐 아니라, 미란왕은 가끔 우리 동려(同侶)들까지도 괴롭히는 일이 많다고 하니 이제는 그냥 둘 수 없는 상태까지 이르렀습니다.

여러분! 여러분 가운데서 누가 능히 왕과 대론하여 그의 의혹을 풀어주어 정법의 권위를 알게 하며, 그로 하여금 불법(佛法)에 귀의토록 할 분은 없겠습니까?"

장로인 앗사굿다 존자가 이렇게 대중에게 세 번을 호소했건만 아무도 '내가 가겠노라'고 선뜻 나서는 이가 없었습니다. 그래서 부득이 존자는 말했습니다.

"만약 우리들 가운데서 미란왕을 설복시킬 사람이 없다면 우리들은 그것을 인간 이외의 곳에서 구하지 않으면 안될 것 같습니다.

여러분! 저 욕계육천(欲界六天)5) 중에 도리천의 베잔다 왕궁의 동쪽 케스마테라는 곳에 마하세나라는 천자가 살고 있는데, 그분 같으면 반드시 미란왕을 조복시킬 수 있을 것입니다. 우리들은 지금부터 마하세나 천자를 찾아 힘을 빌리도록 합시다."

앗사굿다 존자는 과거 전생 일을 통해보는 숙명통(宿命通)이라는 지혜를 가졌기 때문에 사람의 전생에 맺어진 인연을 아는 것입니다.

이리하여 앗사굿다 존자 일행은 설산에서 몸을 감추어 삼십삼천의 도리천 하늘에 나타났습니다.

도리천의 천주(天主) 제석천왕(帝釋天王)은 그들 비구 대중들이 멀리서부터 나타남을 보고 가까이 가서 인사를 하며 물었습니다.

"존자여! 어쩐 일로 이렇게 많은 대중을 거느리시고 여기까지 오셨습니까?"

"대왕이시여! 다름이 아니라 지금 인간 세계에는 미란왕이라 불리는 임금이 있어, 모든 학문과 지식에 통하여 어떤 논사라도 가까이 할 수 없을 뿐 아니라, 우리 비구 대중들에게까지도 괴로움을 주고 있습니다."

---

5) 1. 사왕천(四王天) 2. 도리천(忉利天) 3. 야마천(夜摩天) 4. 도솔타천(兜率陀天)
   5. 화락천(化樂天) 6. 타화자재천(他化自在天)

"존자여! 그 미란왕은 얼마 전에 이곳에 살다 인간계로 내려간 사람입니다."

"그렇습니까? 대왕이시여!"

제석천왕은 수천만 년을 도리천의 주인으로 살아왔기 때문에 미란왕의 전신(前身) 내력을 잘 알며, 또 일행의 온 뜻을 알아차리고는 이렇게 말하였습니다.

"존자여! 오늘 오신 것은 케스마데의 마하세나 천자(天子)에게 가시는 걸음이시죠? 그분이라면 미란왕과 상대하여 충분히 이겨낼 것입니다. 그러니 저도 가서 인간계에 태어나시기를 청해 보지요."

하고는 대중의 앞에 서서 케스마데 천궁에 도착하여 고하였다.

"마하세나여! 여기에 오신 비구대중들은 당신이 인간세계에 태어나시기를 청하기 위하여 오시었습니다."

"대왕이시여! 나는 업고(業苦) 많은 인간 세계를 원하지 않습니다. 오히려 나는 하늘 세계에서 더 나은 경계에 나가기 위하여 수행을 계속하고 싶습니다." 하고는 두 번 세 번 청하여도 들어주려 하지 않았습니다. 그래서 이번에는 앗사굿다 존자가 직접 온 정성을 모아 이렇게 또 간청하였습니다.

"천자 마하세나여! 우리들이 현재 인간과 하늘을 두루 살펴보아도 당신을 제외하고는 미란왕을 상대하여 그의 의단(疑團)을 풀어주며 불법에 귀복시킬 사람이 없습니다.

원컨대 마하세나여! 당신이 인간세상에 태어나시어 저 미란왕의 사법(邪法)을 깨뜨려 정법(正法)에 귀의토록 하여 주옵소서."

이렇게 하도 대중 일동이 간곡히 청하므로 마하세나는 할 수없이 자기 생각을 꺾고 승낙하였습니다.

"네! 그러면 그러기로 하겠습니다. 다시금 인간계로 태어나서 여러분의 희망에 따르도록 하지요."

불성은 있는 것도 아니며 없는 것도 아니다.
또한 있는 것이며 또한 없는 것이니,
있는 것과 없는 것이 합하는 까닭에 중도라고 한다
佛性 非有非無 亦有亦無 有無合故 名爲中道
-대반열반경

4. 로하나 성자의 임무

앗사굿다 존자는 마하세나 천인에게 인간계에 출생한다는 승낙을 받고 일동과 함께 설산으로 돌아와서는 다시 대중을 보고 말하였습니다.

"여러분! 우리 이번 일에 참가하지 않았던 이가 누가 있습니까?"

이에 한 성자가 대답하였습니다.

"네! 있습니다. 로하나 성자(聖者)는 7일 전부터 다른 곳으로 가서 멸진정(滅盡定: 모든 생각이 끊어져 무념무상이 된 선정)에 들어 있었기 때문에 이번 일에는 참가하지 않았습니다."

그때 로하나 성자는 마침 선정으로부터 일어나 방금 도반들이 자기를 기다린다는 이야기를 듣고 곧 모두가 모인 곳으로 몸을 나타내었습니다.

앗사굿다 장로는 로하나 성자를 보자 말했습니다.

"로하나여! 당신은 너무 무관심하지 않습니까? 모두들 정법을 수호하기 위하여 이처럼 애를 쓰고 있는데."

"존자여! 죄송합니다. 이번 일에 참가 못한 것은 고의가 아닙니다만, 그래도 대중과 행동을 같이 하지 못한 허물은 면할 수 없으니 이 허물을 벗기 위해서라도 적당한 일을 한 가지 맡겨 주십시오."

"당신이 그런 생각이시라면 꼭 부탁드릴 중대한 일이 한 가지 있습니다. 지금 이 설산 아래에 가장가라라는 바라문의 마을이 있는데, 거기에 소눗다라라는 바라문이 살고 있습니다.

　천인(天人) 마하세나는 그 바라문의 집에 태어나기로 되어있으니, 당신은 그 집과 불연(佛緣)을 맺어 태어난 동자를 출가시키기 위하여 앞으로 7년 10개월 동안만 매일 탁발(托鉢)을 다녀주시오. 그것이 잘 되면 당신의 허물은 벗어지는 것이요."

　"네, 그렇게 하겠습니다. 존자(尊者)여."

　이렇게 하여 로하나 성자는 기꺼이 이 큰 중책을 맡기로 하였습니다.

대지大地는 깨끗한 것도 받아들이고
더러운 똥과 오줌도 받아들인다.
그러면서도 깨끗하다 더럽다는 분별이 없다.
수행하는 사람도 마음을 대지와 같이 해야 한다.
나쁜 것을 받거나 좋은 것을 받더라도
조금도 좋아하거나 싫어하는 분별을 내지 말고
오직 자비로써 중생을 대해야 한다.
-증일아함경

5. 나선의 출생

한편 천자(天子) 마하세나는 설산 랏기다 굴의 성자들의 간청을 저버리지 못하고 천상세계를 떠나 인간세계로 내려와 바라문 소눗다라의 부인에게 입태(入胎)하여 10개월 만에 무사히 사내아이로 출생하였습니다.

부모는 그에게 나선(那先)이라는 이름을 지어 주었습니다.

나선이 점점 자라나서 일곱 살이 되던 해에 아버지 소눗다라는 그를 보고 말했습니다.

"나선아! 너도 이제 나이 7세가 되었으니 공부를 해야 되겠다. 너는 바라문의 아들이니 바라문의 공부를 해야지!"

"네, 아버지! 바라문의 공부란 무엇을 배우는 것입니까?"

"바라문 전통6)을 배우는 것이다. 그 밖의 지식은 모두 단순한 학예(學藝)에 불과하지."

---

6) 4베다를 말한다. ① 리그베다: 찬가를 뜻함. 인도 최고의 문헌으로 神들에 대한 찬 1,028개가 10권으로 나뉘어 있는데, 제사를 주관하는 호트리가 神들이 제사 지내는 곳에 왕림하도록 높은 소리로 읊는 운문임, 이 神들은 주로 우주의 질서를 보호하는 바루나, 태양신 수라, 폭풍신 루드라, 찬둥신 인드라, 새벽신 우샤스, 바람신 바유, 화신 이그니, 酒神소마, 지신 프리티비, 그리고 신비한 현상이나 관념을 신격화한 비츠언어슈랏다 신앙, 아디티 무한 등임 ② 사마베다: 리그베다에서 가려 뽑은 찬가에 멜로디를 붙인 성가곡집으로, 제사의식 때 이 곡을 부르는 제관을 우드가트리라고 함 ③ 야주르베다: 제사에 필요한 축문을 모은 것으로, 제식 때 제물을 바치고 제사의 실무를 담당하는 아트바류가 낮은 소리로 읊는 산문임 ④ 아타르바베다: 재앙을 물리치고 복을 구하는 주문을 모은 것으로 제식을 총괄하는 브라흐만을 읊음, 주문에는 우주의 원리에 대한 구절이 있는데, 특히 프라나(호흡)를 우주의 최고 원리일 뿐만 아니라 개인의 주체로 사유하고, 또 시간은 과거와 미래를 성립시키고 만물을 창조하고 양육하는 원리라고 함.

"네, 그러면 아버지! 저는 바라문 전통 사베다를 배우겠습니다."

부친 소놋다라는 사랑하는 아들을 위하여 이름 있는 학자를 초빙하여 나선에게 4베다의 학문을 가르치게 하였습니다.

4베다를 배우는 것은 그리 용이한 일이 아닙니다. 그러나 날 때부터 총명한 그는 스승의 가르침에 따라 잘 배워 얼마 가지 않아 그 많은 4베다를 전부 암송하고 한 글자도 틀리지 않았습니다. 뿐만 아니라, 가르쳐주지 않아도 능히 글의 뒤에 감추어진 깊은 이치까지도 잘 알아내었습니다.

마침내 그는 베다의 명의집(名義集)에 감추어진 깊은 이치까지도 깨달았으며, 시형학(詩刑學) 등 베다에 관한 모든 지식을 통달함에 이르렀습니다.

이리하여 나선은 동자(童子)의 몸으로 일찍이 당당한 박언학자(博言學者), 문전학자(文典學者), 정사결의자(正邪決意者)가 되어 그의 스승을 놀라게 하였습니다.

하루는 "아버지! 바라문 가문에서는 더 배워야 할 것이 남아 있습니까?" 하고 부친에게 물었습니다.

"이제는 더 남은 것이 없다. 너는 바라문 교학(敎學)의 전부를 훌륭히 모두 배웠다."

"네…"

나선은 부친의 대답을 듣고 무엇인지 마음에 부족한 것이 가득했습니다.

어느 날 그는 사람이 없는 곳에 홀로 앉아 명상에 잠기면서 이제까지 배워 온 베다의 지식을 몇 번이나 되풀이 하면서 음미해 보면 볼수록 신통한 느낌이 없고 한갓 공연한 문자의 나열에 지나지 않았으며, 베다의 어느 대목을 떼어서 보아도 산 혼의 소리란 들을 수 없었습니다.

그는 무엇 때문에 이런 지식을 배웠는지 자기 자신을 의심하지 않을 수 없었습니다.

그래서 그는 "아~!" 하면서 마음 깊이 탄식하고서는, 생각하였습니다.

"그렇다! 베다와 같은 학문은 진실로 공허한 것이요, 허망한 것이다. 그 속에 누가 지상(至上)의 진리와 궁극의 의의(意義)를 찾아볼 수 있을 것인가?"

일체의 사성제四聖諦는 제일의설第一義說에 의지해
(괴로움을) 받는 자가 없고 (번뇌를) 짓는 자가 없으며
멸滅에 들어가는 자 및 도道를 행하는 자가 없는 까닭에
사성제는 공空임을 마땅히 알라.
- 청정도론

수미산(Mount Kailash, 6,656m)

6. 불연佛緣

이보다 앞서 로하나 성자는 앗사굿다 장로에게 맹세한 약속을 이행하기 위하여 날마다 철발(鐵鉢: 스님들이 가지는 쇠로 된 식기)을 들고 바라문 소눗다라의 집에 걸식을 다녔습니다.

그러나 소눗다라의 집에서는 로하나 성자에게 단 한 번도 밥이나 죽을 준 일이 없었을 뿐 아니라, 인간적 상대로 부드러운 말 한마디 건네주는 일이 없었습니다. 때로는 도리어 모욕적 욕설까지 함부로 퍼부었습니다.

그러나 로하나 성자는 그러한 가인(家人)의 냉대에 조금도 굴하지 않고 비가 오든 바람이 불든 열심히 매일 소눗다라의 집으로 다녔습니다.

이리하여 마침내 7년 10개월이라는 세월이 어느덧 흘러 어느 날, 그날도 로하나 성자는 소눗다라의 집에 갔다가 빈 발우(鉢盂)를 들고 돌아오는 도중, 때마침 바깥 일을 보고 돌아오는 주인 소눗다라를 만났습니다.

그러나 소눗다라는 그날은 무슨 생각을 하였는지 성자를 보고, 물었습니다.

"여보시오, 스님! 당신은 오늘도 내 집에 가셨습니까?"

무슨 뜻으로 묻건 주인에게 직접 이렇게 부드러운 말은 일찍이 7년 10개월 사이에 들어본 일이 없었으므로, 로하나 성자는 내심(內心) 이상히 여기면서 답했습니다.

"네! 갔다 오는 길입니다."

"뭐라도 주던가요?"

"네! 고맙게 잘 받았습니다."

"……"

소눗다라는 성자(聖者)의 대답을 듣고 말할 수 없는 불쾌한 기분에 싸였습니다. 주인이 없는 여가에 가족들이 무엇을 준 모양이라는 것이 그의 마음을 불쾌하게 만든 것입니다.

그는 집으로 돌아가자 성낸 어조로 가족들에게 호령을 하였습니다.

"너희들이 매일 오는 저 걸식중에게 무엇을 주었느냐?"

"네? 아무것도 준 일이 없습니다."

"가족들은 바른대로 대답했습니다."

"그러면 그놈의 중이 나를 속였구나! 오냐, 내일 또 오면 단단히 혼을 내어 줄테다!"

날이 바뀌자 또 로하나 성자는 소눗다라 댁의 대문 앞에 발우를 들고 나타났습니다.

기다리고 있던 소눗다라는 문간으로 다가가서 물었습니다.

"여보시오! 당신은 아무것도 얻은 것이 없으면서 나에게 잘 받았다고 거짓말을 했죠. 당신네 종교에서는 그런 거짓말을 해도 상관 없습니까?"

그러자 로하나 성자는 태연히 대답하였습니다.

"소눗다라여! 당신이 하신 말씀은 옳은 것이 아니요. 내가 받았다고 하는 것은 밥이나 죽이 아닙니다. 아시는 바와 같이 7년 10개월 동안 하루도 빠지지 않고 귀댁에 탁발을 다녔습니다만 아무도 나에게 한 술의 죽은 커녕 부드러운 말씀 한 마디 주신일이 없었습니다. 그러다가 어제 뜻밖에도 당신이 나에게 따뜻한 말씀을 건네주었습니다. 이것은 나에게는 참으로 놀라운 일이었고 또한 반가운 일이었습니다. 내가 받았다고 하는 것은 바로 그것이었습니다.”

“……”

소눗다라는 이 말을 듣고 한참 말없이 마음속으로 생각하였습니다. ‘어쩌면 이렇게도 겸허하고 지순한 탁발승(托鉢僧)이 있을까? 세상에 흔하게 쓰여지는 인사말까지 이 탁발승은 고마운 시주(施主)로 알고 있다. 만일 이 사람에게 진정으로 시주한다면 얼마나 깊은 감사를 할까?’

그래서 소눗다라는 자기를 위해 마련된 아침식사를 나누어서 로하나 성자에게 공양(供養)하고, “스님! 다음에도 그전처럼 매일 내 집에 오십시오. 앞으로는 매번 음식을 드리겠습니다.” 하고 말했습니다.

로하나 성자는 그 후로도 변함없이 소눗다라의 댁을 찾았습니다.

소눗다라는 성자와 친하게 됨에 따라 더욱 그 고결한 인격에 탄복하지 않을 수 없었습니다. 그리하여 드디어 그는 성자를 매일의 중식에 초대하게 되었습니다.

물론 로하나 성자는 감사와 기쁨을 가지고 그 초대에 응하고 식사가 끝나 돌아갈 때는 언제나 부처님의 금언(金言)을 경건히 독송해 주었습니다.

이렇게 하여 로하나 성자는 마침내 소눗다라의 집과 불연(佛緣)을 맺는데 성공하였습니다.

이제 남은 문제는 어떻게 하면 저 나선에게 접근하고 그로 하여금 출가(出家)케 하며, 또 맡겨진 큰 사명을 완수해 내도록 이끌 것인가 하는 것입니다.

현자는 상호 대등한 입장에 서서
제기된 문제를 냉정히 토구討究하고,
토론이 끝나서 한편의 그릇됨이 밝혀진다면
상대의 주장이 옳고 자신의 주장이 틀렸다는
것을 즉석에서 인정하고
그 사이에 조금도 나쁜 감정을 품지 않는 것,
이것이 현자의 태도입니다.
-나선비구경

7. 나선那先의 출가出家

소눗다라 바라문의 아들 나선은 바라문 교학에 절망하고, 베다의 가치를 부정하고, 마음의 공허에 괴로워하고 있을 무렵이었습니다.

마침 그때 로하나 성자는 타심통(他心通: 남의 마음을 뚫어 보는 지혜)에 의하여 나선의 심중을 통찰하고 그를 불문에 이끌 시기가 도래함을 알고 역시 그날도 전일처럼 이의일발(一衣一鉢)로 표연히 소눗다라의 댁을 찾았습니다.

때에 나선은 혼자 망연히 문 밖을 바라보고 있다가 홀연히 눈앞에 나타난 로하나 성자의 모습을 보고는 오늘따라 어딘지 이상한 일종의 맑은 느낌이 들었습니다.

그동안에는 어린시절부터 매일 문전(門前)에서 볼 수 있는 걸식 사문이기에 한 번도 관심을 가져본 일이 없다가, 어쩐지 오늘은 로하나 성자를 보자 마음으로, '이 사람은 아마도 내가 아직 알지 못하는 진리를 가지고 있을지 모른다. 나는 이분의 입에서 귀중한 무엇을 들을지 모르겠다' 하는 생각이 불현듯 솟아올랐습니다. 그는 얼굴에 미소를 담고 로하나 성자에게 다가가서 말했습니다.

"로하나여! 당신은 보통 사람들과는 달리 머리를 깎고 몸에는 누런 옷을 두르고 계시는데, 세상에서는 그러한 당신네 같은 분들을 무엇이라고 부릅니까?"

"나선이여! 세상에서는 우리들을 보통 출가자(出家者)라 부르고 있습니다."

"출가(出家)라는 것은 무슨 뜻입니까?"

"애욕(愛慾), 번뇌(煩惱)의 생활을 떠나기 위하여 속가(俗家)에서 나온다는 뜻입니다."

"로하나여! 출가의 뜻을 알겠습니다만…" 하면서 나선은 말끔하게 깎은 로하나 성자의 푸른 머리를 쳐다보며 물었습니다.

"대체 당신네들은 무엇 때문에 머리를 깎습니까?"

"나선이여! 머리를 기르고 있으면 수도(修道)하는데 여러 가지 장애가 되기 때문입니다."

"여러 가지 장애라니요?"

"나선이여! 머리칼은 때때로 빗어야 합니다. 이발도 자주해야 합니다. 씻고 깨끗이 해야 합니다. 향유(香油)를 뿌리며 기름도 발라야 합니다. 염색도 해야 합니다. 갖은 치레도 해야 합니다. 만일 손질을 게을리 하면 쑥대처럼 얽혀지고 또 몹시 가렵습니다. 불결하게 되면 나쁜 냄새를 발합니다. 이와 벼룩이 끓어댑니다. 머리칼이 빠지거나 희게 되면 사람들에게 슬픈 마음을 일으킵니다. 나선이여! 이러한 여러 가지 장애를 떠나기 위하여 머리를 깎는 것입니다.

나선이여! 세상 사람의 옷은 탐욕(貪慾)을 기본으로 하기 때문에 아름답고 부드러워야 하며, 그러므로 말미암아 자연히 번뇌(煩惱)를 일으키기 쉬운 것입니다. 그러나 이러한 가사(袈裟)는 세속의 의복에 관한 모든 위험성이 따르지 않습니다. 그러므로 우리들은 세상 사람이 관심 갖지 않는 이런 옷을 기꺼이 걸치고 있는 것입니다."

여기서 나선은 질문의 방향을 바꾸었습니다.

"로하나여! 당신은 이 세상에서 무엇이 제일 진실의 지혜인가를 알고 있습니까?"

"물론 나는 그것을 알고 있습니다."

로하나 성자는 다시 말을 이었습니다.

"뿐만 아니라 나선이여! 나는 그보다 더한 세간에 유례없는 위없이 불가사의하고 미묘한 송문을 알고 있습니다."

이 말을 들은 나선은 눈을 빛내며 물었습니다.

"로하나여! 당신은 그것을 나에게 가르쳐 주실 수 있겠습니까?"

"희망하신다면 가르쳐 드릴 수야 있지요."

"나는 충심으로 바랍니다. 원컨대 그것을 가르쳐 주십시오."

"가르쳐 드리지요. 그러나 나선이여! 지금은 그때가 아닙니다. 나는 지금 당신네 집에 걸식을 온 것입니다."

"아참! 그렇지요."

하고는 로하나 성자를 집 안으로 인도하여 직접 자기 손으로 식사를 공양케 한 후, 다시 간청했습니다.

"존자여! 그 무상 불가사의의 송문이란 것을 지금 가르쳐 주십시오."

"나선이여! 당신이 그것을 듣고자 한다면 당신은 먼저 양친(養親)의 허락을 받고 출가하지 않으면 안 됩니다. 그리하여 당신이 나의 초암(草庵)에 함께 가서 머리 깎고 가사를 두른 후에야 그것을 가르쳐 드리지요."

나선은 무엇보다도 그 불가사의의 송문을 듣고 싶었으므로 부모에게 가서 출가할 것을 말하고, 허락하실 것을 열심히 탄원하였습니다.

양친의 입장에서 볼 때 아직 어른이 안된 어린 아들을 출가시킨다는 것도 어림도 없는 일이었습니다.

그러나 첫째, 나선의 열성을 돌이키지 못할 것을 알고 있고,

둘째, 그 위없고 불가사의한 송문이란 것을 아들이 배웠으면

하는 기대가 있었으며,

셋째, 일단 출가하더라도 나선이 어리므로 멀지 않아 집으로 다시 돌아올 것이라 생각되었기 때문에, 일단 나선의 희망에 맡겨 보도록 하였습니다.

8. 나선의 사명

나선은 이렇게 하여 로하나 성자와 함께 많은 성자들이 사는 랏기다 굴로 가게 되어 거기서 머리를 깎고 승단(僧團)의 일원이 되었습니다.

"존자 로하나여! 나는 이제 출가자가 되었습니다. 전일에 약속하신대로 나에게 그 송문을 가르쳐 주십시오."

나선은 이렇게 로하나 성자에게 재촉하였습니다.

"그렇게 하지요."

로하나 성자는 그렇게 대답해 놓고는, '이제 이 처음 발심(發心)한 나선에게 불교의 교리를 어떤 순서로 가르칠 것인가'를 생각하였습니다.

불교는 대별하여 경(經), 율(律), 론(論)의 삼부로 나뉘어져 있는데, 일반의 순서대로 한다면 경부(經部)로부터 들어가야 하는 것이나, 나선을 볼 때 퍽 영리할 것 같아 논부(論部)로 뛰어들어도 충분히 이해될 것을 짐작하고 경과 율은 다음으로 돌리고 먼저 논부(論部)의 과정부터 가르치기로 하였습니다.

과연 로하나 성자의 예상은 틀리지 않았습니다.

나선은 구수(口授)를 따라 줄줄 잘 외워 이른바 선법(善法), 불선법(不善法), 무기(無記) 등으로 된 법집론(法集論), 온분별(蘊分別) 등 십팔 종으로 된 분별론(分別論), 섭(攝), 비섭(非攝) 등 십사종으로 된 계론(界論), 온처(蘊處) 등 육종으로 분별된 인시설론(人施設論) 즉 자설(自說), 타설(他說) 각 오백론으로 집성된 논사(論事),

근쌍(根雙), 온쌍(蘊雙) 등으로 분별된 쌍론(雙論), 인연(因緣), 소연(所緣) 등 24종으로 분별된 발취대론(發趣大論) 등을 단번에 전부 암송하여 버렸습니다.

그런 후에 나선은 말하였습니다.
"존자여! 더 외워주시지 않아도 충분히 다 외우겠습니다."
나선의 총명을 아는 로하나 성자로서도 새삼 놀라지 않을 수 없었습니다.
이리하여 나선 사미승은 수행을 쌓고 20세가 되던 해에 250계를 받고 비구스님의 좌열에 들게 되었습니다.
그 다음날 비구가 된 나선 비구는 로하나 성자를 따라 탁발을 나갔는데, 가다가 문득 한 의문이 나선의 머리 속을 맴돌았습니다.
'대게 불교의 수학(修學)은 경부로부터 들어가는 것이 순서이다. 그런데 로하나 존자님은 이런 규정을 어기고 나를 논부부터 가르쳤다. 이는 스승의 머리가 두찬(杜撰)한 때문이 아닌가?'
이때 앞서 가던 스승이 갑자기 뒤를 돌아보며 말했습니다.
"나선 비구야, 너는 지금 이러이러한 생각을 하고 있구나. 그것은 너의 오해이다. 내가 경부를 제쳐놓고 논부부터 가르친 것은 나에게 보는 바가 있어서 그런 것이지, 결코 생각 없이 결정한 것이 아니다."
나선 비구는 자기의 속마음을 간파당한 것이 부끄러워 쥐구멍에라도 들어가고 싶은 정도의 수치를 느꼈습니다. 뿐만 아니라, '음성(音聲)을 내어 말하지 않는 남의 마음 속을 어쩌면 그렇게도 정확히 알아낼 수가 있을까? 나의 스승은 측량할 수 없는 신통력(神通力)을 가지셨구나!' 라고 생각하며, 새삼스레 로하나 성자에 대하여 외경(畏敬)의 마음을 금치 못했습니다.

"존자여! 저는 전혀 옳지 못한 생각을 하였습니다. 저는 진심으로 존자께 사과하지 않으면 안 되겠습니다."

"잘못을 깨닫고 사과하는 것은 좋다."

로하나 성자는 은근하게 말을 이어나갔습니다.

"그런데, 네가 어떻게 하는 것이 참된 사과가 되는 줄 알겠느냐?"

"존자여! 저는 그것을 알지 못합니다. 원하옵건대, 저를 위하여 가르쳐 주십시오. 만일 이 허물을 용서 받을 수 있다면 어떠한 일이라도 하겠습니다."

로하나 성자는 다시금 서서히 입을 열었습니다.

"나선아! 나는 네가 심상치 않은 중대한 일을 하나 해주었으면 한다. 너도 전부터 듣고 있으리라만, 저 사갈라 성의 미란왕은 자기의 재주를 믿고 항상 이단적 난제(難題)로써 사문, 바라문, 우리의 동려(同侶)들을 가리지 않고 모두 괴롭혀 놓고는 천하에 도(道) 없고 사람 없는 양 자랑하고 있다.

우리들은 이러한 미란왕의 오만한 태도를 심히 유감으로 여겨 오는 터이지만 원체 왕의 논봉(論鋒)이 날카롭기 때문에 누구하나 나서서 자웅(雌雄)을 겨룰 사람이 없다.

그래서 나선 비구여! 내가 너에게 부탁하고 싶은 것은 다름이 아니라 우리들을 대표해서 미란왕과 대론(對論)하여 그 만심(慢心)을 분쇄하고 정법(正法)의 권위를 알게 하자는 것이다. 그리고는 왕으로 하여금 우리 불법에 귀복시키자는 것이다. 이 큰 임무를 달성해 낼 사람은 나선 비구 너 밖에 없다고 생각한다."

나선 비구는 이러한 스승의 간곡한 말씀에 감격하고 분발하여 말했습니다.

"존자님이시여! 안심하소서. 저는 반드시 미란왕을 설복시키겠습니다. 가령 백천(百千)의 미란왕이 일시에 나타나서 가지가지 난 문제를 한꺼번에 내더라도, 존자님 저는 반드시 이를 해결치 않고는 그대로 두지 않을 것입니다.

존자시여! 잠시 동안의 여가를 주시면, 지금이라도 달려가겠습니다."

"기다리거라, 나선 비구여!"

로하나 성자는 금시라도 뛰어갈 듯 하는 나선 비구를 제지하고는 당부하셨습니다.

"너는 미란왕과 대화하기 전에 더 수행하지 않으면 안 된다. 나선아! 저 웃다니아의 초암(草庵)에 앗사굿다 존자라는 장로님이 계시다. 너는 앞으로 3개월 동안의 우기(雨期)를 그 장로님에게로 가서 수행을 쌓으며 지도를 받도록 하라. 지금 곧 떠나라. 나의 이름을 말하고 그분을 찾으면 반드시 좋은 가르침을 주실 것이다.

9. 도심道心

　　나선 비구는 이리하여 웃다니아의 초암(草庵)에 기거하는 앗사 굿다 존자를 찾으니, 과연 로하나 성자의 말씀과 같이 즉석에서 입문(入門)을 허락하여 주었습니다.

　　그 당시 앗사굿다 존자에게는 신심이 지극한 부인(婦人) 신도 (信徒)가 한 분 있어, 30년동안 계속 존자님을 공양하여 받들어 오던 터였는데, 어느덧 3개월의 우기(雨期)철도 다 간 무렵 그 부 인이 존자님에게 와서 물었습니다.

　　"존자님! 금년 우기철에는 존자님 한 분만 지내십니까? 아니면 누구 동반이 계십니까?"

　　"나 혼자가 아니고 나선이라는 제자와 같이 지낼 겁니다."

　　"그렇습니까! 그러시면 내일 그 제자와 함께 우리 집으로 오십 시오. 두 존자님을 위하여 점심 공양을 대접하겠습니다."

　　앗사굿다 존자는 말없이 승낙하셨습니다.

　　그 이튿날 앗사굿다 존자께서는 법복을 정제하고 발우를 들고 나선 비구를 데리고 신도의 집으로 출발하였습니다.

　　점심공양을 끝내고 존자께서는 나선 비구에게,

　　"나선아! 나를 대신하여 오늘의 공양 인사를 하고 오너라."

　　그렇게 일러 놓고는 먼저 일어나 돌아갔습니다.

　　조금 있다가 그 신도는 나선 비구에게 공손히 합장하면서,

　　"스님이시여! 오늘은 단순히 인사 정도에만 그치지 마시고 나의 몸에 배일만한 법문(法門)을 한 마디 일러주옵소서! 나는 여생도

얼마 남지 않은 늙은이가 아닙니까?”

나선 비구는 신도의 청을 받고 자리를 정돈하여 논부(論部)의 심심한 의취에 비추어 천천히 설하기 시작하였습니다.

신도는 머리를 숙이고 눈을 감고 일심(一心)으로 듣고 있었는데, 그때 기연(機緣)이 익었는지 돌연 마음이 열려 깨달음에 들어갔으며 청정법안(淸淨法眼)을 얻게 되었습니다.

그러자 동시에 나선 비구도 또한 부인의 깨침에 드는 힘에 자연 격발(激發)되어 수다함(須陀含)의 깨달음에 도달하였습니다. 이보다 앞서 혼자 웃다니아의 초암에 돌아온 앗사굿다 존자는 초암의 한정(閑亭)에 앉아 있었는데, 통력(通力)에 의하여 나선 비구와 부인 신도가 동시에 깨침의 지혜를 얻은 것을 알고 크게 기뻐하였습니다.

“훌륭하도다, 나선 비구여! 너는 한 개의 화살을 가지고 두 개의 청정한 물건을 얻었구나!”

나선 비구가 신도의 집을 물러나와 초암에 돌아오니, 앗사굿다 존자는 그와 같은 공을 칭찬하며 말했습니다.

“나선 비구여! 너는 이제 여기에 더 머물러 있을 필요가 없다. 여기서 저 파다리붓다로 가서 한 번만 더 수행하라. 거기 무우원(無憂園)이라는 곳에 담마 랏기다 존자라는 이가 계신다. 그분께서 너를 위하여 더 훌륭한 지도자가 되어주실 것이다.”

나선 비구는 스승의 뜻에 감사하고 물었습니다.

“네! 그렇게 하겠습니다. 그러면 여기서 파다리붓다까지 몇리나 되옵니까?”

“아마 6천리 길은 될 것이다.”

“네, 상당히 멀군요…” 나선 비구는 걱정스러운 표정으로 다시 물었습니다.

"존자시여! 그러면 여행준비를 어떻게 하면 좋겠습니까? 혹 도중에 먹을 것에 곤란을 받지 아니할까요?"

"먹을 것? 사람이 도심에 주하는 한 결코 먹을 것은 걱정 될 것이 없느니라. 나선이여! 염려 말고 가거라. 너에게 필요한 식품은 때에 맞게 반드시 공급될 것이다."

10. 크게 도道를 이루다

　나선 비구는 앗사굿다 존자의 격려를 받고 6천리의 원거리 여행을 떠나게 되었습니다. 오직 도(道)를 구하는 마음 하나만을 가지고 아무런 준비도 없이 평소의 차림 그대로 파다리붓다를 향하여 걷기 시작한 것입니다.
　이렇게 얼마를 가노라니 뜻밖에 5백 량의 차마에 화물을 끌고 가는 상인(商人)을 만났습니다.

　그 상인은 나선 비구를 보자 물었습니다.
　"스님은 어디로 가시는 길입니까?"
　"네, 파다리붓다로 가는 길입니다."
　"그렇습니까? 그러면 마침 잘 되었습니다. 실은 나도 파다리붓다에 점포를 가지고 있어 객지에서 물건을 구하여 돌아가는 길입니다."
　나선 비구는 뜻밖에 좋은 길벗을 만난 것을 무한히 기뻐하였습니다.
　상인은 나선 비구로부터 뿜어 나오는 학덕을 겸비한 고승의 풍격(風格)에 존경하는 마음으로 물었습니다.
　"스님의 존함은 무엇이라 하옵니까?"
　"나선이라 합니다."
　"스님은 불교 중에 무엇을 주로 배웠습니까?"
　"나는 주로 논부(論部)를 배웠습니다."
　"그렇습니까? 그러시다면 무엇보다 반가운 일입니다."

상인은 매우 좋아하며 말했습니다. "실은 저도 전부터 논부에 흥미를 가지고 있습니다. 이 먼 길의 여정에 논부의 학자이신 스님과 만나 동행하게 된 것은 저를 위하여 무엇보다 기쁜 일입니다. 스님! 이 미혹한 상인을 위하여 논부의 일절을 독송하여 주십시오."

나선 비구는 쾌히 승낙하고 길을 가면서 상인을 위하여 논부의 요소요소를 암송하여 주었습니다. 암송하여 주면서 자기도 그 심리(深理)에 잠기는 사이 나선 비구는 저절로 생멸무상(生滅無常)의 제법(諸法)을 통해보는 청정법안(淸淨法眼)을 얻게 되었습니다.

물론 매일의 식사는 때마다 상인에게서 공양 되어 출발 이래 나선 비구는 한 번도 식사문제에 곤란을 받는 일이 없었습니다.

'사람이 도심(道心)에 주하는 한 결코 먹을 것에 걱정 될 것 없느니라. 염려 말고 가거라. 때에 맞춰 반드시 공급 될 것이다.' 처음 출발할 때 그렇게 격려해 주신 앗사굿다 존자님의 말씀이 허망하지 않았다는 것을 나선 비구는 깊이 인정하지 않을 수 없었습니다.

이리하여 나선 비구는 상인의 일행과 몇십 일을 같이 생활하며 목적지 파다리붓다에 당도할 수 있었습니다.

그때에 상인은 한 줄기 샛길을 가리키며, "이 길을 가시면 무우원에 가시게 될 것입니다. 그러면 여기서 헤어져야 하겠습니다." 하면서 상인은 화물 속에서 포장된 물건을 하나 꺼내고는, "도중에 참으로 큰 가르침을 얻었습니다. 그 예로서 이것을 드리고자 하오니 상인을 제도하시는 뜻에서 받아 주시면 감사하겠습니다." 하면서 훌륭한 직물을 선사하였습니다.

나선 비구는 그 예를 받고 상인과 헤어져 얼마를 안 가서 무우원에 도착하여 담마 랏기다 존자님을 만날 수 있었습니다. 존자는 나선 비구의 뜻을 가상히 여기시고 그를 위하여 삼장(三藏)을 구송(口誦)하여 주었습니다.

나선 비구는 존자가 들려줌에 따라 받아 외워 3개월 사이에 전부 암송하게 되었고, 다음 3개월 사이에는 삼장의 깊은 뜻을 전부 통달하였습니다.

어느 날 존자는 나선 비구에게 이르기를,

"나선이여! 비유컨대 목장주가 소를 치지만 우유는 남들이 다 가져가듯, 나선이여! 범부는 삼장을 다 알아도 마치 목장주처럼 아직 사문의 도(道)에 들지 못하였도다!"

"존자여! 잘 알았습니다. 더 말씀하시지 마옵소서."

나선 비구는 스승의 훈계를 채찍 삼아 크게 용맹정진(勇猛精進)을 계속하니, 그날과 그날 밤에 네 가지 무애변(四無碍辯)7)을 얻게 됨과 동시, 드디어 아라한(阿羅漢)의 최고 깨달음에 들게 되었습니다.

때에 대지(大地)는 크게 소리 내어 진동하고, 범천(梵天)은 박수찬송(拍手讚頌) 하고, 모든 하늘은 전단향과 만다라 꽃을 흩어 나선 비구의 대도(大道) 성취를 축복하였습니다.

---

7) ① 법무애: 온갖 교법에 통달한 것 ② 의무애: 온갖 교법의 요의를 아는 것 ③ 사무애: 여러 가지 말을 알아 통달치 못함이 없는 것 ④요설무애: 온갖 교법을 알아 갖가지 근기에 맞는 말을 하는데 자재한 것.

의미없고 열반에 이어지지 않는 천 마디의 구절을 읊조리는 것보다
들어서 마음이 고요해지는 단 한 구절을 읊는 것이 더 낫다네.
전쟁터에서 백만 명을 정복할 수도 있지만, 그러나
제 자신을 정복한 사람이 참으로 위대한 정복자일세.
－붓다, '법구경이야기'

11. 기괴奇怪한 느낌

한편 히말리야 산중의 랏기다굴의 성자들은 나선 비구의 성도(成道)를 하루가 천일 같은 마음으로 고대하고 있었는데, 마침내 그가 내외(內外)의 모든 학문을 다 배우고 또한 실제(實諦)에 들며 대도(大道)를 성취하였음을 알고, 때는 이때라고 사자를 보내어 그를 오도록 하였습니다.

나선 비구는 사자를 접하자 허공을 날아 성자들의 앞에 나타났습니다. 대중은 크게 기뻐하여 환대하였습니다.

"존자 나선이여! 잘 돌아왔습니다. 이미 아시는 바와 같이 저 사갈라성의 미란왕은 지금도 여전히 안하무인(眼下無人) 지경으로 오만한 횡포를 부리고 있습니다. 우리는 그동안 우리들 속에서 누군가 나가서 왕과 대론하여 그 이단적 예봉을 꺾어 정법(正法)의 위덕(威德)을 깨우쳐 주고자 했습니다. 우리는 이러한 큰일을 스님에게 기대하여 얼마나 기다렸는지 모릅니다. 이제야 그때가 왔습니다. 존자 나선이여! 정법의 수호를 위하여 일어서 주십시오."

"네! 잘 알았습니다. 모든 성자님들이여! 미란왕과의 대론은 일찍이 로하나 성자와 약속된 바였습니다."

나선 비구는 요약하며 말했습니다.

"내 비록 불초하오나, 미란왕을 설파하는 문제는 지금의 저로서는 조금도 어렵지 않습니다. 이것은 결코 호언장담이 아닙니다. 진리는 바로 최강무적의 힘이니까요."

"우리들은 스님의 필승을 믿기 때문에 오늘에까지 스님을 고대한 것이 아닙니까! 그러면 지금으로부터 사갈라 성으로 떠나도록 합시다. 같이 동행하실 대중스님은 함께 가시도록 합시다."

이렇게 하여 나선 비구는 많은 도반스님들과 함께 도중에 행걸(行乞)을 하면서 사갈라성을 향하여 출발하였습니다.

한편 당시의 사갈라 성내에서는 그토록 들끓었던 종교자, 철인들이 호론적(好論的)이요, 궤변적(詭辯的)이며 또 웅변적인 미란왕의 논봉을 당하지 못하고, 모두 두려워하여 타지방으로 뿔뿔이 흩어져 가버렸습니다. 때문에 사갈라의 성내에는 그들의 그림자조차도 볼 수 없는 정도가 되어 미란왕의 그 거침없는 오만과 기세는 더욱 절정에 달해 있었습니다.

하루는 불교계의 한 고승(高僧)인 아유파라라는 존자와 상대하게 되었습니다.

"존자 아유파라여! 출가하여 스님이 되는 것은 무슨 목적이며 최고 목표는 무엇입니까?"

"대왕이시여! 출가하여 스님이 되는 목적은 법(法)을 배우고 적정(寂靜)을 닦아 열반(涅槃)을 얻는 데 있고, 최고목표는 인천세계(人天世界)에 이익 · 행복을 주는 데 있습니다."

"존자여! 재가(在家)한 속인도 법(法)을 배우며 적정(寂靜)을 닦는 자도 있습니까?"

"있지요. 가령 세존께서 처음으로 법을 펴실 때, 일억팔천이나 되는 범천왕이 법을 배우고 적정을 닦으며, 승가사 성(城)에서도 세존이 윗산다라의 법문, 가데이라의 법문, 교계 나후라의 법문 등을 하실 때, 이억이나 되는 수많은 생류(生類)들이 법을 닦았습니다."

"존자여! 그렇다면 당신네 출가자는 소용이 없습니다. 정확하게 말하여 당신네들은 전생에 악업을 지은 과보로 출가자가 되는 것입니다. 또 하루에 한 끼 밖에 못 먹는[8] 출가자는 전생에 남의 밥을 훔쳐 먹은 죄업의 결과이지, 그들이 무슨 계율을 지켜서거나 청정행을 닦느라고 그런 것도 아닙니다.

또 존자여! 출가자가 집안에 앉지 못하고 노천에 앉게 되는 것은[9] 전생(前生)에 남의 마을을 약탈하고 가옥을 부순 죄업(罪業)이며, 또 항상 앉아만 있는 자는 전생에 도적질을 일삼아 길을 가는 사람을 함부로 잡아 묶어 앉힌 죄업으로 언제나 앉아만 있어야 하고 편안히 눕지도 못하는 것 뿐이지, 그들이 무슨 청정 계율을 지켜서거나 고행(苦行)을 닦느라고 그런 것도 아닙니다."

이러한 말을 들은 아유파라존자는 이런 억지 궤변을 쓰는 왕과 상대할 수 없다고 생각하여 더 대답하지 않았습니다. 거기에 모인 오백 명의 군중들은 말했습니다.

"대왕이시여! 비구는 현명하나 겁을 내어 대답을 못합니다."

이때에 미란왕은 전 대중을 둘러보며 아유파라 존자의 침묵을 가리켜 손뼉을 치며 웃고는 말했습니다.

"이 세상에서는 나를 상대할 인물이 없도다! 이 세계는 마치 벼 껍질과 같이 비었도다! 사문, 바라문, 도사(道士)들과 같은 중인(衆人)의 스승이며 응공(應供), 등각(等覺)을 자신하는 자로서도 능히 나와 대론하여 나의 의혹을 풀어줄 자는 이 세상에 한사람도 없도다!" 하고는 다시,

"도대체 불교의 학자란 어쩌면 이렇게도 허무한가! 이런 자들을

---

8) 남방불교국, 즉 스리랑카, 태국, 캄보디아, 미얀마 등의 스님들은 지금도 사원에서 밥을 짓지 않고 아침에 탁발하여 하루에 한 끼만 먹는 것을 원칙으로 한다.
9) 당시에 수도자들은 대개 야외노천에서 수도하였다.

성자니 고승이니 하여 추켜올리는 세상 사람들의 마음을 알 수가 없다. 그렇게 무엇이든지 추켜올리고 싶거든 차라리 돼지라도 들고 추켜세우는 것이 더 낫지 않을까!" 하고는 또 한번 박수를 치며 껄껄거려 웃었습니다.

군중들은 이렇게까지 너무나 호언하며 빈정대는 왕을 볼 때, 한편 얄미운 생각도 없지 않아 어떻게든 왕을 상대하여 이겨낼 만한 적수가 나타났으면 하는 생각을 금할 수 없었습니다.

아유파라 존자는 이러한 수치와 모욕과 창피를 당하여 이제는 더 사갈라 성내에 머물러 있을 심정도 나지 않고, '정법이 머물 시기가 아직 멀었다' 싶어 그날로 다른 곳으로 떠나가 버렸습니다.

이런 일이 있은 뒤에 설산을 출발한 나선 비구의 일행은 수천 리 길을 유행하여 사갈라 시에 도착하였습니다. 시내에 들어가면 으레 수도승이면 누구나 머물게 되어있는 상케야의 승원에 우선 머물러 천천히 미란왕과 대론할 시기를 기다리기로 하였습니다.

나선 비구의 입성은 순식간에 시민들에게 알려졌으며 그의 이름은 방방곡곡으로 퍼져갔습니다.

미란왕을 피해 고승, 논객이라곤 한 사람도 없어진 텅빈 사갈라 시에 설산으로부터 한 비구스님이 굉장히 많은 도반스님들을 거느리고 나타났는지라, 시민들은 대단한 호기심을 가지고 거리거리 집집마다 큰 화제거리로 삼았으며, 이로 인해 온 시내가 떠들썩하였습니다.

이리하여 수일이 지난 어느 날, 나선 비구의 영명(英明)을 들은 신하 한 사람이 미란왕의 앞으로 가서 고하길,
"폐하! 요즈음 히말라야 설산에서 한 명승(名僧)이 서울에 와서

상케야의 승원에 머물러 있다고 합니다. 소문에 의하면 모든 학문, 모든 지식에 통달(通達)한 무비(無比)의 대학자라 하옵니다."

"흥!" 미란왕은 코웃음을 쳤습니다.

"또 무비의 대학자냐! 불교계에서는 어쩌면 그렇게도 무비의 대학자가 많은가! 나는 그 무비란 말에 몇 번을 속았는지 모른다."

"그렇긴 합니다만, 폐하!"

"무엇이라든가?"

"네! 나선이라 부른답니다."

나선이라는 이름을 듣자 미란왕은 갑자기 이상한 느낌을 들었습니다. 일찍이 겪어보지 못한 이상한 느낌, 어딘지 모르게 위압을 주는 듯한 느낌, 굉장한 큰 산악(山岳)이 문득 눈앞에 솟아오르는 듯한 느낌, 눈에 보이지 않는 거대한 쇠망치가 머리 위를 내려치는 듯한 느낌, 무엇인지 형언할 수 없는 기괴(奇怪)하고 야릇한 느낌이 전신을 눌렀습니다.

왕은 입속으로, "나선! 나선!"하고 되뇌어 보았습니다. 마치 그 이상하고 기괴한 느낌의 정체를 더듬어 보려는 듯이….

"폐하! 폐하께옵서는 나선이라는 이름을 아십니까?"

왕의 태도가 하도 전에 없이 이상하므로 신하는 그렇게 물어보았습니다.

"아니 모르는 이름이지. 나는 그런 이름을 들어본 적이 없어!"

그러나 왕은 내심으로는 어딘지 처음 듣는 이름 같지가 않았습니다. 지금은 잊고 있지만은 머리 속 깊이 새겨져 있는 이름이라는 생각이 들었습니다. 마치 너무나 먼 옛날의 이름이지만, 지금은 아무리 노력해도 생각나지 않는 그런 이름으로 다가왔습니다. 이렇게 생각이 들자 왕의 마음은 점점 어지러워져서 가슴이 뛰고

옆구리에서는 찬 땀이 흐르고 왕 자신도 왜 내가 이렇게 되는지 알 수가 없고, 나선이라는 스님을 만나는 것은 이 세상에서 가장 싫어해야 하고 가장 두려워해야 하는 것처럼 생각이 들었습니다. 그러면서도 꼭 만나지 않으면 안될 것 같은 기묘한 느낌이었습니다.

"나는 나선 비구를 만나보련다! 이 뜻을 그 쪽에 전달하라!"
"네, 폐하!"

12. 숙세宿世의 인연

미란왕이 나선 비구를 만나려고 보낸 사자가 돌아와서 전했습니다.

"폐하의 성지를 전한 바, '삼가 폐하의 임가(臨駕)를 환영하겠다' 하더이다."

이에 미란왕은 오백의 그리스 사람과 힘센 장사 한 사람의 호위를 받으며 나선 비구가 머무는 상케야의 승원으로 마차를 몰았습니다.

그때 나선 비구는 왕의 어가(御駕)를 영접하기 위하여 승단의 성자들과 함께 승원 앞 광장에 나와 있었습니다. 미란왕은 그 모양을 멀리 마차 속에서 바라보고 사자에게 물었습니다.

"저기 모인 사람들이 누구인가?"

"네, 나선 비구와 그 일행인 것으로 보입니다."

"음……"

왕은 가벼이 고개를 끄덕였으나 마음은 바람에 나부끼는 풀잎처럼 이상한 격동에 싸였습니다. 마침내 왕의 대열은 승원 앞의 광장에 이르렀습니다.

영접 나온 대중을 보니 그 속 중앙에 앉아 마치 양의 무리에 둘러싸인 사자왕(獅子王)처럼 의연히 뛰어나 보이는 한 사람이 있었으니, 말할 것도 없이 그는 나선 비구였던 것입니다.

"저 가운데 앉은 스님이 나선 비구인가?"

"네! 그렇습니다. 바로 저이가 나선 비구입니다. 폐하!"

"음……"

왕은 얼굴빛이 붉어지며 가슴의 고동이 더욱 심해지는 것을 감출 수 없었습니다.

그런데 여기서 잠시 미란왕과 나선 비구와의 회견의 모양을 설하기 전에 이 두 사람의 사이에 얽힌 먼 과거 전생의 인연을 말해 둘 필요가 있습니다.

그렇지 않으면 무슨 연유로 미란왕이 나선 비구의 이름을 듣자 마음의 동요를 느끼고 왕 자신도 이해할 수 없는 괴상한 불안에 싸이게 되는가를 알지 못하기 때문입니다.

이야기의 발단은 억겁의 과거 전생일로 거슬러 올라가서 가섭불(迦葉佛)이라는 부처님이 계시던 때의 일입니다.

당시 인도 제일의 큰 강 갠지스 강변에 하나의 커다란 승단이 있었습니다.

승단 비구들은 각기 아침 일찍부터 비를 들고 정사(精舍)의 내외를 쓸어 맑히는 것이 하루 일과 중의 하나가 되어 있었습니다. 어느날 아침, 마당을 청소하던 때의 일이었습니다. 한 비구스님이 나이 어린 사미스님을 보고,

"어이 이봐! 쓰레기가 가득 찼으니 버리고 오게."

하고 명령조로 시켰습니다. 그러나 그 사미스님은 무슨 생각에서인지 듣고도 답을 하지 않았습니다. 비구스님은 다시 같은 말로 두 번 세 번 일렀으나, 그 사미스님은 역시 모르는 척 돌아보지도 않았습니다. 그래서 그만 화가 난 비구스님은 그에게 달려가서,

"이 녀석! 어른을 뭘로 보는 게냐!"

하면서 손에 빗자루로 힘껏 때려줬습니다. 그러나 그는 달아나지도 않고 대항하지도 않고 말없이 맞고만 있다가 결국 명령대로 쓰레기를 갖다 버렸습니다.

그때 사미는 혼잣말로 얘기하기를, '나는 이 쓰레기를 치운 공덕으로 세세생생 나는 곳마다 정오의 태양의 위력과 같이 누구에게도 모욕당하지 않는 권세자가 되리라!'고 다짐하였습니다. 그리고는 목욕을 하기 위하여 갠지스의 목욕장으로 갔는데, 거기서 다시 흘러가는 강물을 보면서 다짐하기를, "나는 열반을 이룩할 때까지 세세생생 나는 곳마다 저 거침없이 흐르는 강물처럼 빠르고 끝없는 대변재(大辯才)를 얻으련다!" 하고 외쳤습니다.

그때 마침, 이 사미승을 때려준 비구스님도 청소를 끝내고 목욕하러 갠지스 강의 욕장에 나갔다가 지금 막 사미승이 외치는 소리를 듣게 되어 그는 생각하였습니다.

'저 사미가 지금 갠지스 강을 보고 저러한 맹세를 하고 있다. 이것도 알고 보면 내가 격려해 준 때문이지만, 그러나 만약 저 서원이 실현되는 날이 돌아온다면 이것 참 큰일이다!' 이렇게 생각한 그는 역시 갠지스 강을 보고 이 같은 발원을 하였습니다.

"나는 마침내 열반을 이룩할 때까지 세세생생 나는 곳마다 저 거침없는 흐르는 강물처럼 빠르고 끝없는 대변재를 얻으련다."

그리고는 다시, "나는 빗자루로 쓴 공덕, 사미에게 쓰레기를 버리게 한 공덕, 또 그로 하여금 서원을 발원하게 한 공덕으로, 마치 엉클어진 실뭉텅이를 어떤 지혜있는 사람이 '이것이 끝가닥이요! 이것이 첫가닥이요!' 하면서 가려내고 풀어주듯, 장차 저 사미 스님의 모든 질문을 정확히 답변하는 대지혜자가 되련다!"고 외쳤습니다.

이리하여 이 두 스님은 맹세한 바와 같이 몇십 겁 몇백 생에 이르는 동안 세상에 몸을 받아 나서 결국 금생에 이른 것입니다.

석존은 이 두 분에 대하여 다음과 같이 예언하시었습니다.
"내가 입멸한 후 오백년 뒤에 이 두 사람은 같은 현세에 태어나서 내가 남긴 교리와 율법에 관하여 서로 문답 왕래하여 그 참된 교의(教義)를 밝혀내리라."

　미란왕은 곧 빗자루로 맞은 측의 후신(後身)이고 나선 비구는 때린 측의 후신(後身)입니다. 그리고 사람의 만남도 꼭 부처님 입멸 후 오백년 째가 되는 것입니다.

- 나선비구경

더구나 있을 까닭이 없는 것입니다.

그러한 임시적 이름 자체에 '나'라는 것은

영구적 '나'란 필경 찾아볼 수 없는 것이며,

그러한 가결합체의 어디를 뜯어보아도

임시적 부호에 불과한 것입니다.

그러한 가결합체에 붙여진

부르고 있는 것은 결국

때문에 세상에서 보통 나를 나선이라

정신적 요소가 가결합된 것이기

무릇 인간은 32가지의 물질적 요소와

13. 무아無我의 증명

　　이야기는 다시 되돌아가서, 상케야 승원에 영접된 미란왕은 주최측 나선 비구와 서로 정중한 첫 인사를 나눈 후 설정된 좌석에 앉았습니다.

　　이러는 사이 왕의 마음도 차츰 안정되어 평소의 고요한 상태로 돌릴 수 있었습니다.

　　이제 용과 대호가 서로 맞겨루듯, 역사적 문난논전(問難論戰)의 대포화가 터뜨려지려고 하는 무서운 순간이 잠시 침묵 속에 흐르고 있습니다. 이윽고 미란왕 쪽부터 천천히 입을 열기 시작하였습니다.

　　"존자여! 그러면 지금부터 논해 보기로 하겠습니다."

　　"대왕이여! 그러면 논해 보십시오. 나는 들어 보기로 하겠습니다."

　　"존자여! 그러면 말씀해 보겠으니 들어보시오."

　　"대왕이여! 그러면 들어 보겠으니 말씀해 보십시오."

　　"존자여! 당신은 무엇을 들었습니까?"

　　"대왕이여! 당신은 무엇을 말씀하셨습니까?"

　　"존자여! 물은 그것입니다."

　　"대왕이여! 대답한 그것입니다."

　　"존자여! 당신은 무엇을 대답하셨습니까?"

　　"대왕이여! 당신은 무엇을 물으시었습니까?"

　　이렇게 서로 첫 문답이 시작되었을 때, 장내의 대중들 속에서

우레 같은 박수소리가 일어났습니다. 오백의 그리스 사람들은 왕을 향하여, "대왕이여! 지금부터 문제를 내어 보옵소서!" 하였습니다.

미란왕은 다시 말을 이었습니다.

"존자여! 나는 당신과 상대하였어도 당신의 이름도 모르고 성씨도 모르니 따라서 질문도 나오지 않는군요. 존자여, 당신의 이름은 무엇이라 하십니까?"

"대왕이여! 나는 나선이라는 이름으로 알려져 있습니다. 세상 사람들도 나의 도반(道伴)들도 모두 나선이라고 부르고 있습니다."

나선 비구는 여기서 일단 말을 멈춘 후 다시 조용한 어조로 이어나갔습니다.

"그러나 나의 양친은 나를 부르실 때, 니가세나 혹은 슈라세나, 또는 이라세나, 시바세나 등의 이름으로 부르시는 때도 있었습니다. 그러나 대왕이여! 내가 나선이라 불리우는 것은 하나의 명칭, 하나의 호칭, 또는 하나의 가칭(假稱)에 불과한 것으로, 말하자면 이름이란 하나의 일시적 편의상 붙어진 부호에 지나지 않는 것으로, 결국 이름이 어떻게 붙어져 어떻게 불리우던 하등 상관이 없는 것입니다.

왜냐하면, 이름 그 자체에는 그 자체로서의 실체(實體)나 나(我)라는 것이 결코 있는 것이 아니기 때문이며, 하등의 영구불변하는 실아(實我)란 찾아 볼 수 없기 때문입니다."

그러나 이 말을 들은 미란왕은 장내 대중을 돌아다보며,

"모든 대중 여러분! 여기 오백의 그리스 사람과 팔만의 비구 여러분은 나의 말을 들으시오! 방금 나선 비구는 '나의 이름을 나선이라 부른다' 하여 놓고 그 이름에는 하등 나(我)라는 것이 있지

않다고 하였는데, 과연 우리들은 그와 같은 말을 인정할 수 있겠습니까?"

하고는 다시 나선 비구를 향하여,

"존자여! 이름에 영구불변의 내가 있지 않다고 하는 것은 다시 말하여 '나 자체'의 부정(不定)을 뜻하는 것이 되지 않을까요?"

"그렇습니다. 대왕이시여!"

"존자여! 만일 그렇다면, 누가 당신의 교단에 의복을 보시하며, 누가 식량을 보시하며, 누가 숙사(宿舍)를 보시하며, 누가 의약을 보시 합니까? 또 누가 그 보시를 받습니까?

누가 계율을 지키며, 누가 수행에 힘쓰며, 누가 삼매(三昧)에 들며, 누가 깨달음에 듭니까?

또 누가 살생을 하며, 누가 도적질을 하며, 누가 술을 마시며, 누가 파계(破戒)를 합니까?

또 지옥에 떨어지는 자는 누구며 현세에 복을 받는 자는 누구입니까?

내가 없는 것이라면 선(善)도 없고 악(惡)도 없고 선악을 행하는 자도, 선악을 받는 자도 없으리라!

존자여! 만일 그렇다면 어떤 사람이 당신을 죽였다고 가정합시다. 그런 경우 죽인 사람이 없다고 생각해야 된다면 당신네의 교단에는 참된 스승도 장로도 없는 것이 되고, 따라서 당신네의 교계(教誡)는 헛된 것이 되고 말 것입니다. 그리고 당신은 방금 '나를 나선이라 부른다'고 하셨지만 그 나선이란 자는 도대체 누구입니까? 당신은 지금 내가 묻는 음성을 듣지 못하십니까?"

"듣습니다."

"그러면 분명히 나선은 거기에 있지 않소!"

"그렇지 않습니다. 대왕이여!"

"그러면 나산이란 자는 도대체 누구입니까? 당신은 당신 머리

카락을 나선으로 봅니까?"

"아니지요. 나는 나의 머리카락을 나선으로 보지 않습니다."

"그러면 온몸의 터럭이 나선입니까?"

"그것도 아닙니다."

"그러면 손톱이 나선입니까?"

"그것도 아닙니다."

"그러면 이빨이 나선입니까?"

"그것도 아닙니다."

"그러면 피부, 근육이 나선입니까?"

"그것도 아닙니다."

"그러면 뼈, 골수, 간장, 심장, 콩팥, 폐, 위, 소장, 대장, 똥, 피. 기름, 눈물, 침, 오줌, 뇌골 등 이 가운데 어느 것이 나산 입니까? 혹은 이것들을 합친 것이 나선입니까?"

"모두 아닙니다."

"그러면 색체가 나선입니까?"

"그것도 아닙니다."

"그러면 감각(感覺)이 나선입니까?"

"그것도 아닙니다."

"그러면 생각이 나선입니까?"

"그것도 아닙니다."

"그러면 의식이 나선입니까?"

"그것도 아닙니다."

"그러면 이 모든 요소를 합한 것이 나선입니까?"

"그것도 아닙니다."

"그러면 이런 것 외에 따로 나선이라고 불릴 존재가 있다는 말씀입니까?"

"그것도 아닙니다. 대왕이여!"

"그렇다면 나는 나선의 존재를 인정할 수가 없습니다. 나선이란 단순한 음성(音聲)에 지나지 않는 것이 됩니다. 그렇지만 현재 내 앞에 엄연히 앉아 있는 나선의 존재를 부정할 수가 없습니다. 이 부정할 수 없는 나선, 이것은 도대체 누구입니까? 필경 당신의 말씀은 무의미하며 진실하지 않으며 허망하다는 것이 되지 않을까요?"

이렇게 연속 공격을 받은 나선 비구는 아라한의 도(道)에 들었으며 무애해(無礙解)에 이른 지력(智力)으로 미란왕의 마음속을 관찰하고는 잠시 침묵했다가 이어 대답하기 시작하였습니다.

"대왕이여! 당신은 고귀한 왕가에 나시어 화사하게 자라셨기 때문에 만일 오늘과 같이 무더운 날씨에 뜨거운 모래를 밟으며 오셨다면 당신은 반드시 발바닥을 상(傷)하시어 큰 곤란을 받으셨을 것입니다만, 당신은 오늘 어떻게 하시어 이곳에 도착하실 수 있었습니까?"

"존자여! 나는 걸어서 오지 않았으며 수레를 타고 왔습니다."

"수레를 타고 오셨다면 대왕이여, 대체 수레란 무엇인가를 나에게 알려 주십시오. 저 굴대(축軸)를 가리켜 수레라 합니까?"

"아니지요."

"그러면 저 바퀴를 가리켜 수레라 합니까?"

"아니지요."

"그러면 저 차봉(車棒)을 가리켜 수레라 합니까?"

"아니지요."

"그러면 저 바퀴살(輻)을 가리켜 수레라 합니까?"

"아니지요."

"그러면 저 뼈대를 가리켜 수레라 합니까?"

"아니지요."

"그러면 저 밧줄이 수레입니까?"

"아니지요."

"그러면 저 멍에가 수레입니까?"

"아니지요."

"그러면 이상과 같은 굴대, 바퀴, 차봉, 바퀴살, 뼈대, 밧줄, 멍에 등을 함께 합한 것을 수레라 합니까?"

"그것도 아니지요"

"그러면 이 합한 것 이외에 따로 수레라 부를 만한 무엇이 존재한다고 말씀입니까?"

"그것도 아닙니다."

"그렇다면 대왕이여! 나는 수레라는 물건의 존재를 인정할 수가 없습니다. '수레'란 단순한 음성에 지나지 않는 것이 됩니다. 그렇다면 대왕께서 지금 타고 오셨다는 수레란 도대체 무엇인가요? 나는 유감스럽게도 대왕께서 수레로 오셨다는 말씀은 전혀 거짓이며 허언으로 보지 않을 수 없습니다. 왜냐하면 전혀 수레라고 불릴 만한 물건이 어디에도 찾아볼 수 없기 때문입니다.

대왕이여! 당신은 이 나라 국가를 다스리는 임금이십니다. 무엇이 두려워서 허언을 범하십니까?"

"……"

왕은 여기서 말문이 뚝 막혀 버렸습니다.

그때 나선 비구는 왕을 따라온 그리스 사람들과 장내 대중을 향하여 말했습니다.

"지금 대왕께서는 수레를 타고 여기에 오셨다고 하셔놓고는 '수레란 무엇인가'에 대한 나의 질문에 대왕님 스스로 하신 말씀의 진실을 증명하지 못하십니다. 이래도 우리들은 임금님의 의견에 찬성할 수 있겠습니까?"

나선 비구의 이 발언에 오백의 그리스 사람들은 일제히 박수 갈채를 보냈습니다.

　　그들은 풀이 꺾여 있는 왕을 보고, "폐하! 만일 폐하께서 될 수 있으시다면 폐하의 명예를 위해서라도 그 던져진 모순의 그물에서 헤쳐 나와 보옵소서!" 하였습니다.

　　미란왕은 다시 용기를 내어 말했습니다.

　　"존자여! 나는 결코 허언을 범한 것은 아닙니다. 이른바 굴대, 바퀴, 차봉, 바퀴살, 뼈대, 밧줄, 멍에 이러한 모든 요소를 결합시켜 완비된 것을 세상 사람들이 일반적으로 '수레'라는 이름으로 부르고 있습니다."

　　"그렇습니다. 대왕이여! 당신은 이제야 비로소 수레의 진실한 뜻을 잡으셨습니다."

　　나선 비구는 미소를 지으며 말을 이었습니다.

　　"수레의 모든 부분적 요소 외에는 수레로서의 실체가 존재할 까닭이 없습니다. 그래서 앞에 당신이 나에게 물으신 것도 이 수레의 경우와 같은 것입니다.

　　무릇 인간은 32가지의 물질적 요소와 정신적 요소가 가(假)결합된 것이기 때문에 세상에서 보통 나를 나선이라고 부르고 있는 것은 결국 그러한 가(假)결합체에 붙여진 임시적 부호에 불과한 것입니다.

　　그러므로 대왕이여! 그러한 가결합체의 어디를 뜯어보아도 영구적 '나'란 필경 찾아 볼 수 없는 것이며, 그러한 가결합체에 붙어진 임시적 이름 자체에 '나'라는 것은 더구나 있을 까닭이 없는 것입니다.

　　그래서 대왕이여! 옛날 바치라 비구니가 부처님 앞에서 '여러 가지 지체(支體)의 공존에 의하여 수레라는 이름이 쓰여지는 것처럼 모든 구성요소의 공존에 의하여 우리들은 생류(生類)라는 것을 인식한다'고 말한 적이 있습니다."

왕은 나선 비구의 당당한 답변에 마음속으로 탄복하면서 말하였습니다.

"존자여! 당신은 실로 세상에 드문 분이십니다. 내가 어려운 문제를 가지고 윽박질렀음에도 불구하고 당신은 아무런 어려움도 없이 쉽게 해결해 버렸습니다. 만일 세존께서 이 좌석에 계셨더라면 반드시 당신의 답을 칭찬하셨을 것이오."

14.   나이에 대한 질문

왕은 또 말을 이었습니다.

"존자여! 당신은 법납(法臘)이 얼마나 되시었습니까?"

"대왕이여! 나의 법납은 7세입니다."

"존자여! 당신의 7이라는 것은 무엇입니까? 당신이 7이라는 말씀이요? 수가 7이라는 말씀입니까?"

그때 온몸에 영락(瓔珞)으로 장식하고 화만(華鬘)으로 장엄한 미란왕의 그림자가 땅에도 비치고 옹기의 물에도 비치었습니다.

그 그림자를 가리키며 나선 비구는, "당신의 그림자를 보십시오. 당신이 임금입니까? 그림자가 임금입니까?" 하고 물었습니다.

"존자여! 그림자가 임금일 수 없지요. 내가 임금이며 나로 말미암아 그림자가 생긴 것입니다."

"대왕이여! 그와 같이 연령이 7이지 내가 7이 아닙니다. 당신의 그림자와 같이 나로 말미암아 7이 생긴 것입니다."

대왕이여! '지혜智慧는 번뇌를 재단裁斷하는 것'이라 말했습니다만
동시에 조파(照破: 지혜의 빛으로 무명을 깨침)하는 것도
지혜의 특징이라 하겠습니다.
마음에 지혜가 생기면 무명(無明: 번뇌의 근본)의 어둠을 쫓아버리고
지식의 빛과 예지叡智의 광명을 빛내어 무아無我를 깨닫게 됩니다.
-나선비구경

15. 문답問答의 태도

미란왕은 지금까지의 문답에서 나선 비구의 쾌도난마(快刀亂麻)와 같은 응답에 무한한 감동과 흥미를 느끼게 되었습니다.

"나선 존자여! 당신은 나와의 문답을 계속해 주실 수 있겠습니까?"

"대왕이여! 당신이 현자적 태도로 문답해 주신다면 나는 기꺼이 상대해 드리지요. 그러나 만약 왕자적(王者的) 태도로 나오신다면 상대해 드리지 못합니다."

"현자적 태도란 어떤 태도입니까?"

"대왕이여! 현자는 상호 대등한 입장에 서서 제기된 문제를 냉정히 토구(討究)하고, 토론이 끝나서 한편의 그릇됨이 밝혀진다면 상대의 주장이 옳고 자신의 주장이 틀렸다는 것을 즉석에서 인정하고 그 사이에 조금도 나쁜 감정을 품지 않는 것, 이것이 현자적 태도랍니다."

"그러면 왕자적 태도란 어떤 태도입니까?"

"대왕이여! 왕자는 대개 권위를 가지고 상대를 누르려고 합니다. 가령 상대의 주장이 옳고 자기 주장이 틀렸다는 것이 분명해졌건만 왕자적 권위에 서서 이를 승인하지 않고 어떤 경우에는 논쟁에 패한 보복으로 상대자에게 가혹한 형벌까지 주려고 합니다."

"대왕이여! 이것이 왕자적 태도라는 것입니다."

"존자여! 당신의 뜻은 잘 알았습니다. 나는 왕자적 태도가 아니고 어디까지나 현자적 태도로 당신과의 문답을 계속하고 싶습니다."

"존자여! 당신의 도반(道伴)이나 제자나 혹은 종복(從僕)을 대하는 것과 같은 안이한 마음으로 말씀해 주십시오."

"네! 그러하지요."

"존자여! 그러면 또 한마디 묻겠습니다."

"네, 대왕이여! 무엇이든 물으시오."

"존자여! 나는 벌써 물었습니다."

"대왕이여! 나는 벌써 대답했습니다."

"존자여! 당신은 무엇이라 대답하셨습니까?"

"대왕이여! 당신은 무엇이라 물으시었습니까?"

미란왕은 메아리가 소리에 응하듯 하는 나선 비구의 답변에 감복하며 말했습니다.

"참으로 잘 하십니다. 존자여! 나는 존자를 만나 비로소 좋은 상대를 얻은 것 같아 금새 세상이 밝아진 듯 합니다."

그러면서 왕은 마음속으로 '이 비구스님은 참으로 현자이다. 내가 능히 상대할 만한 풍부한 재능이 있는 사람이다. 또 내가 질문할 문제도 너무나 많다. 하지만 이제 이러한 문답이 끝나기 전에 해가 저물 것이다.'

이렇게 생각한 그는 말했습니다.

"존자여! 오늘은 날이 저물었으니 내일 다시금 나의 궁정으로 오시어 남은 수많은 문제를 논의했으면 싶은데 어떨까요?"

"좋습니다. 대왕이여! 그렇게 합시다."

이렇게 하여 왕은 자리에서 일어났습니다. 왕은 시자를 거느리고 말을 타고 가면서 오늘의 문답에 진심으로 감격하며 입속으로 '나선, 나선'을 되뇌었습니다.

화엄경에 이르시길 "부처님의 법신은 법계에 충만하여 일체 중생 앞에 두루 나타나고, 인연 따라 감응함이 두루 하지 않음이 없지만 언제나 이 보리좌에 계시느니라"고 하셨다. 부처님은 법계에 두루 감득하고 법계에 두루 응현하신다. 아미타부처님께서는 실제로 마음이 일어나고 생각을 움직인 적이 없지만 오고감의 상相이 있어 인연이 무르익은 중생에게 오셔서서 접인하여 (윤회를 벗어난) 극락에 왕생하는 모습을 보이게 할 수 있다. _인광대사

16. 출가出家의 목적

다음날, 존자 나선 비구는 많은 대중들과 함께 미란왕의 궁궐로 들어가 미란왕의 영접을 받으며 예정된 자리에 앉았습니다.

미란왕은 나선 비구와 그 대중들에게 갖은 진미(珍味)를 공양하고 또 법복(法服)을 새로 지어 많은 대중스님들에게 한 벌씩 보시하였습니다. 그리고는 일부 대중만 남기고 다 돌려보낸 후, 나선 비구에게 말하였습니다.

"존자여! 그러면 이제부터 물음에 들어가겠습니다만 무슨 문제부터 먼저 할까요?"

"대왕이여! 우리들은 이미 인간으로 났을진대, 누구나 진실된 도(道)에 이를 것을 목적으로 하지 않으면 안될 것입니다.

진실한 도(道)에의 희구!

진실한 도(道)에의 삶!

이것은 우리들만의 문제가 아니라 인류 보편의 공통된 문제이며 또 목적일 것입니다. 그러므로 대왕이여! 우리는 되도록 이러한 목적에서 이탈된 필요 없는 문답은 피하고 오로지 진실된 도(道)의 문제로만 합시다."

"존자여! 그것은 나 역시 바라는 바입니다. 그러면 존자여! 말씀드립니다.

첫째, 당신네들은 무슨 목적으로 출가하시며 또 당신네들이 생각하시는 최고선(最高善)이란 어떤 것입니까?"

"대왕이여! 우리들이 출가한 목적은 세속(世俗)에 얽혀 있는 모든 고통을 탈각하고 하늘이나 인간세계의 복전(福田)이 되기 위해서이며 최고선(最高善)은 모든 세속적 집착을 벗어나 완전한 열반(涅槃)의 경지에 도달하는 것입니다."

"그러면 교단(敎團)의 여러분이 모두 그와 같이 고상한 목적으로 출가하셨습니까?"

"반드시 그렇지도 않습니다. 워낙 많은 단원이라 그 중에는 내가 이제 말한 그러한 목적으로 출가한 자도 있는 가운데 혹은 폭군의 학정을 피하기 위하여 출가한 자도 있을 것이요,

혹은 장상(長上)의 압박을 견디지 못하여 출가(出家)한 자도 있을 것이요,

혹은 남의 약탈을 두려워하여 출가한 자도 있을 것이요,

혹은 부채(負債) 때문에 달아나 온 자도 있을 것이요,

혹은 먹을 것을 위하여 교단에 든 자도 있을 것입니다.

결과는 모두 같은 출가라 하더라도 그 동기와 목적은 각기 천차만별이라 할 수 있을 것입니다."

"그러면 당신 자신은 무슨 목적으로 출가하셨습니까?"

"내가 교단에 들 때는 아주 어린 시절이었기 때문에 '출가의 진실한 목적이 무엇일까?'하는 것을 조금도 생각하지 못하였습니다. 다만 '불교 승려들 중에는 총명한 학자들이 많기 때문에 저런 사람들 속에 들면 아마도 여러 가지 유익한 배움을 얻으리라'는 정도로 멋모르고 출가해 버렸습니다.

그러나 차츰 교단의 스님들께 여러 가지로 지도받게 되어 지금은 출가의 이유나 목적까지도 명확히 알게 되었습니다."

"네, 잘 알겠습니다. 존자여!"

대왕이여! 신통력神通力이 있고
마음의 자재自在를 얻은 비구스님은
몸을 마음 가운데 상승上昇시켜
마음의 수습修習에 의지하여
공중을 걸어갈 수 있습니다.
-나선비구경

17. 재생再生에 대한 문제

　왕은 여기서 질문의 방향을 바꾸었습니다.
　"존자여! 나는 여기에 심히 중대한 문제가 있으니 당신의 진실한 해답을 듣고자 합니다.
　존자여! 사자(死者)는 죽은 후에 다시 이 세상에 태어나는 것입니까? 또는 태어나지 않는 것입니까?"
　"대왕이여! 사람에 따라 태어나기도 하고 태어나지 않기도 합니다."
　"어떤 사람이 태어나고 어떤 사람이 태어나지 않습니까?"
　"대왕이여! 죄업(罪業)이 있는 자는 다시 태어나게 되고 죄업(罪業)이 없는 청정한 자는 다시 이 세상에 태어나지 않습니다."

　"그러면 존자께서는 자신을 어떻게 생각하십니까? 다시 태어나리라고 보십니까? 태어나지 않으리라고 보십니까?"
　"대왕이여! 만약 내가 임종(臨終)에 도달해 그때의 한 생각(一念)이 이 세상에 집착하는 마음을 남긴다면 나는 다시 세상에 태어나게 될 것이요, 그렇지 않으면 다시 태어나지 않을 것입니다."
　"네, 잘 알았습니다. 존자여!"

[미란 왕] 존자께서는 자신을 어떻게 생각하십니까?
　　다시 태어나리라고 보십니까?
　　태어나지 않으리라고 보십니까?
[나선존자] 대왕이여! 만약 내가 임종臨終에 도달해
　　그때의 한 생각(一念)이
　　이 세상에 집착하는 마음을 남긴다면
　　나는 다시 세상에 태어나게 될 것이요,
　　그렇지 않으면 다시 태어나지 않을 것입니다.
　　-나선비구경

18. 생각과 지혜智慧

"존자여! 당신은 먼저 출가의 목적으로 삼는 최고선(最高善)은 모든 세속적 집착을 벗어나 완전한 열반(涅槃)의 경지에 도달하는 것이라고 말씀하셨는데, 그러한 경지에 도달한 자는 죽은 후 다시는 이 고통의 세계에 태어나지 않는다는 말씀이죠?"

"그렇습니다, 대왕이여!"

"그러면 그와 같은 경지는 무엇에 의지하여 도달할 수 있습니까?"

"대왕이여! 그것은 생각과 지혜(智慧)와 기타 선법(善法)에 의지하여 도달할 수 있습니다."

"존자여! 이제 말씀하신 생각과 지혜란 결국은 같은 것이 아닐까요?"

"같지 않습니다. 대왕이여! 생각이란 마음의 평범한 분별작용을 말하고, 지혜란 마음의 어떤 특수한 작용을 말합니다. 보통으로 분별하는 생각은 사람 이외의 동물, 이를테면 양이나 소, 말 따위에도 있지만 지혜는 그들에게 없습니다."

"그러면 생각의 특징과 지혜의 특징을 말씀해 보시지요."

"대왕이여! 생각의 특징은 이해하는 것이요,
지혜의 특징은 재단(裁斷)하는 것입니다."

"예를 들어 설명해 주십시오."

"대왕이여! 당신은 보리를 베는 사람을 아십니까?"

"알지요."

"그들은 보리를 어떻게 벱니까?"

"존자여! 그들은 왼손으로 보리포기를 움켜쥐고 바른 손의 낫으로 베어 내지요."

"대왕이여! 출가하여 수도(修道)하는 사람도 마치 그와 같이 생각으로써 마음의 사악(邪惡)을 움켜잡고 지혜로써 그것을 베어 버리는 것입니다.

대왕이여! 이와 같이 생각의 특징은 이해하는 것이요.

지혜의 특징은 재단(裁斷)하는 것임을 알 수 있습니다."

"네, 잘 알았습니다. 존자여!"

19. 계율戒律에 대하여

"존자여! 그러면 또한 앞서 열반(涅槃)의 경지에 도달하는 데는 기타 선법(善法)에 의지한다고 하셨는데, 그 선법(善法)이란 무엇을 가리키는 것입니까?"

"대왕이여! 그것은 지계(持戒)와 신(信)과 정진(精進)과 염(念)과 선정(禪定)입니다."

"그러면 존자여! 먼저 지계(持戒)의 뜻과 그 특징을 말씀해주십시오."

"대왕이여! 지계의 뜻은 부처님께서 규제(規制)하신 청정한 계율, 즉 몸과 입과 뜻에 관한 모든 계율을 굳게 지녀 과하지 않는 것이요, 또한 그렇게 지키는 것이 모든 선(善)과 덕(德)의 근본이 되는 것이요 지계(持戒)의 특징이라 하겠습니다."

"예를 들어 설명해 주시오."

"대왕이여! 모든 동물이나 식물들은 땅에 의지하여 생육(生育)되고 성장하듯, 모든 선(善)과 덕(德)도 오직 계율에 의지함으로써 생육(生育)되고 성장되며 또 성취되는 것입니다."

"다시 딴 예를 들어보시오."

"대왕이여! 사람이 집을 세울 경우, 먼저 터를 닦은 후에야 주춧돌을 놓고 기둥을 세워서 집을 짓듯이, 계율의 터전을 고른 후에야 모든 선덕(善德)이 이룩될 수 있는 것입니다."

"네, 잘 알았습니다. 그런데 존자여! 계율에 대하여 한 가지 더 묻고자 합니다."

"네, 무엇이든 물으시오."

"존자여! 부처님께서는 사실 일체지자(一切知者)로 계셨고 또한 일체 모든 일을 사전에 잘 알고 계셨을까요?"

"그렇습니다. 대왕이여! 부처님께서는 사실 일체지자(一切知者)로 계셨을 뿐 아니라 모든 일을 사전에 잘 알고 계셨습니다."

"그렇다면 부처님은 어째서 먼저 계율의 전부를 당초부터 제정하시지 않고 비위사건(非違事件)이 생길 적마다 한 가지씩 계율을 제정하였을까요?"

대왕이여! 이 세상에 약(藥)이라는 약을 전부 아는 의사가 있겠습니까? 넓은 세상이라 그런 의사(醫師)도 있겠지요.

그러면 그런 의사가 가령 약을 쓰는데, 병자의 병(病)이 나은 뒤에나 병이 없는 사람에게도 약을 씁니까?"

"아닙니다. 존자여! 병에 걸렸을 때만 약을 쓰지요."

"대왕이여! 그와 같이 일체지자로 계시는 부처님도 모든 일을 미리 알고 계시지만, 필요한 시기를 따라서 계율을 제정하였던 것입니다."

"네, 잘 알았습니다, 존자여."

대왕이여! 당신은 여의보주如意寶珠를 아시지요.
그 구슬을 던지면 아무리 흐린 물이라도 당장에 맑은 물로 변합니다.
그와 같이 오욕(五慾: 재물욕, 색욕, 명예욕, 수면욕, 식욕)의 번뇌로
인한 아무리 흐린 마음이라도 가슴에 믿음(信)의 여의보주를 가진다면
당장에 고요하고 깨끗한 마음으로 변합니다.
-나선비구경

20. 신信의 특징

"그러면 존자여! 다음에 신(信)의 특징에 대하여 말씀해 주십시오."

"대왕이여! 청정(清淨)과 흔구(欣求: 진실로 기뻐하며 불법을 구함)가 신(信)의 특징이라 하겠습니다."

"존자여! 청정함이 신(信)의 특징이라 함은 무엇을 말함입니까?"

"대왕이여! 만약 마음속에 신심이 깃들면 첫째 탐내는 마음, 둘째 성내는 마음, 셋째 어리석은 마음, 넷째 교만한 마음, 다섯째 의심하는 마음 등 다섯 가지의 번뇌가 그림자를 감추어 마음속에 깨끗하여 집니다."

"예를 들어 설명해 주시오."

"대왕이여! 당신은 여의보주(如意寶珠)를 아시지요."

"그 구슬을 던지면 아무리 흐린 물이라도 당장에 맑은 물로 변합니다. 그와 같이 오욕(五慾: 재물욕, 색욕, 명예욕, 수면욕, 식욕)의 번뇌로 인한 아무리 흐린 마음이라도 가슴에 신(信)의 여의보주를 가진다면 당장에 고요하고 깨끗한 마음으로 변합니다."

"그러면 다음 흔구(欣求)가 신(信)의 특징이라 함을 설명해 주십시오."

"남들이 올바른 깨침에 들어 마음의 자유를 얻은 모양을 보면 자기도 그것을 '즐겨 구하고자' 하는 마음을 일으킵니다. 그래서 그는 자신이 아직 미달한 것에 달해 보려고 하고, 아직 모르는 것을 알려고 하고, 아직 이루지 못한 것을 이루어 보려고 하여 열심히 생각하고 공부하며 노력하게 됩니다. 그래서 흔구(欣求)가 신(信)의 특징이라는 것입니다."

"또 예를 들어 설명해 주시오."
"대왕이여! 어떤 사람이 물이 많은 강을 건너려고 하나, 그 물의 깊이와 물살의 정도를 모르기 때문에 건너지 못하고 망설이고 있다 합시다. 이때, 다른 사람이 와서 아무런 주저함도 없이 풍덩 뛰어들어 무사히 건너감을 보고 자기도 용기를 얻어 무사히 물을 건너가는 것과 같을 것입니다.
그래서 잡아함경(雜阿含經)의 부처님 말씀 가운데서 **'신(信)에 의하여 번뇌의 폭류(暴流)를 건너 간다'**고 하신 것입니다."
"잘 알았습니다. 존자여!"

석가 세존께서 산해혜山海慧보살에게 수기를 주시며 말씀하셨다.
"정관과 정념으로 올바른 해탈을 얻으면 모두 다 (윤회를 벗어나)
저 극락국토에 왕생한다. 만약 선남자 선여인이 이 경전을 바르게
믿고, 이 경전을 좋아하고 권장하여 중생을 인도하며 말하는 자와
듣는 자가 있으면 모두 다 아미타불의 국토에 왕생할 것이다.
만약 이와 같은 사람이 있다면 내가 오늘부터 항상 25보살로 하여금
이 사람을 보호하게 하고, 항상 이 사람으로 하여금 병이 없고
번뇌도 없게 할 것이다. 혹 사람이거나 사람이 아니거나 그 방편을
얻지 못하거나, 가고 머물고 앉고 눕는 것이 밤낮을 묻지 않아도
항상 편안하고 안락함을 얻을 것이다."
- 〈불설 시왕생十往生 아미타불국경〉

21. 정진精進과 염念

"다음은 정진(精進)의 특징을 말씀해 주십시오."

"대왕이여! 지지(支持)하는 것이 정진의 특징이라 하겠습니다. 모든 선법(善法)은 정진에 의지하여 지지되기 때문에 무너지지 않고 안전을 유지하는 것입니다."

"예를 들어 설명해 주시오."

"대왕이여! 기울어지는 집이라도 버팀목으로 안전을 유지할 수 있습니다. 대왕이여! 정진은 모든 선법의 버팀목입니다."

"다른 예를 들어 설명해 주시오."

"대왕이여! 적은 군사가 대군에게 공격을 받았을 때, 적은 군사의 왕은 될 수 있는 대로 아군과의 연락을 긴밀히 하고 또 원군(援軍)을 구하여 적군을 대적하도록 할 것입니다. 그러면 적은 군사로도 능히 대군을 무찌를 수 있습니다.

그와 같이 정진은 능히 무슨 일이든 지지하는 힘이 있기 때문에 일체 선덕은 그 지지에 의지하여 유지되며 파탄되지 않는 것입니다. 그러므로 부처님께서는 '정진의 제자는 악을 물리쳐 선을 기르고, 사(邪)를 버리고 정(正)을 증장(增長)한다'고 말씀하셨던 것입니다."

"그러면 다음 염(念)의 특징을 말씀해 주십시오."

"대왕이여! 추억(追憶)하는 것과 보존해 가지는 것이 염(念)의 특징입니다."

"존자여! 추억이 염의 특징이라 함은?"

"대왕이여! 사람에게 염의 작용이 있으면,

수도(修道)를 위한 여러 가지 계단을 기억하고,

또 능히 선악(善惡)과 사정(邪定), 경중(輕重)과 본말(本末) 등을 추억하고, 좋지 못한 모든 악을 물리쳐 행할 것은 행하고 행하지 않을 것은 행하지 않는 것,

이것이 곧 '추억(追憶)의 염(念)의 특징'이라는 것입니다."

"예를 들어 설명해 주시오."

"대왕이여! 일국의 재상(宰相)이 임금에게 '대왕이시여, 대왕의 병마(兵馬)의 수가 얼마나 되고 상차(象車)의 수가 얼마나 되며, 무기와 갑옷 등이 얼마이고, 국고의 금은재보(金銀財寶)가 얼마이오니 잘 기억 하옵소서' 하고 여쭙는다면 왕은 그것을 들음으로써 더 자신감과 자긍심을 가지게 될 것입니다."

"그렇습니다. 존자여! 그러면 다음으로 보존하는 것이 염(念)의 특징이라 함은 무엇입니까?"

"대왕이여! 사람에게 염(念)의 작용이 있다면 좋은 일, 나쁜 일과 쓸만한 일, 쓰지 못할 일을 구별하고, 선악 등의 범주를 명백히 하며, 사악(邪惡)한 것을 물리쳐 정선(正善)을 보전할 수 있습니다.

이것이 곧 '보존하는 것이 염(念)의 특징'이란 이유입니다."

"예를 들어 설명해 주시오."

"왕에게 신뢰받고 있는 한 고문이 임금을 보고 '이러 이러한 일은 임금님께 좋지 못한 일, 이러이러 일은 좋은 일, 또 이런 일은 이익되고 저런 일은 해롭습니다.'고 하나하나 정성들여 알려드린다면 왕은 차츰 나쁜 일로부터 멀어져 언제나 착한 일을 보전하게 되는 것입니다."

"네, 잘 알았습니다. 존자여!"

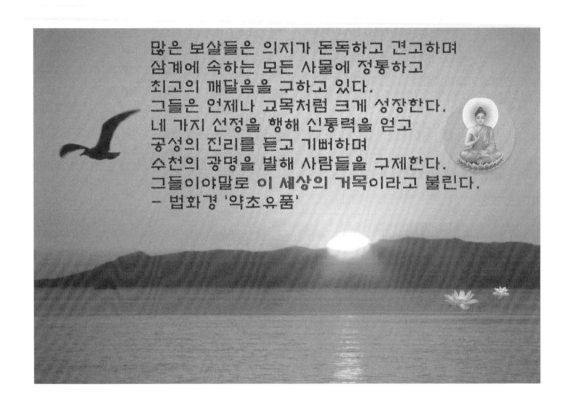

많은 보살들은 의지가 돈독하고 견고하며
삼계에 속하는 모든 사물에 정통하고
최고의 깨달음을 구하고 있다.
그들은 언제나 고목처럼 크게 성장한다.
네 가지 선정을 행해 신통력을 얻고
공성의 진리를 듣고 기뻐하며
수천의 광명을 발해 사람들을 구제한다.
그들이야말로 이 세상의 거목이라고 불린다.
- 법화경 '약초유품'

22. 선정禪定과 지혜智慧

"다음 선정(禪定)의 특징을 말씀해 주십시오."

"대왕이여! 지도(指導)하고 영도하는 것이 선정의 특징입니다.

모든 선법(禪法)은 선정을 그 머리로 하여 따르고 그에 의지하여 지도됩니다. 선정을 산꼭대기라 한다면 모든 선법은 산꼭대기에 오르는 길이라 하겠습니다."

"예를 들어 설명해 주시오."

"가옥(家屋)에 비유한다면, 지붕의 서까래는 모두 지붕 위의 용마루를 향하여 모여 있으며, 용마루는 모든 서까래의 정점(頂點)을 이루고 있습니다. 대왕이여! 그것은 흡사 사군을 이끌고 전장에 나아가는 국왕과 같습니다.

상병(象兵), 기병(騎兵), 차병(車兵), 보병(步兵)의 사군(四軍)은 왕을 수령으로 하여 왕을 따르고 왕에 격려되고 왕에게 영도됩니다. 전군을 산으로 비유한다면, 사군은 산 위에 오르는 길과 같고, 왕은 그 산봉우리와 같은 것입니다. 그래서 부처님은 '모든 비구여! 너희들은 선정(禪定)을 잘 닦으라. 선정을 잘 닦으면 능히 사물의 진상(眞相)을 알리라'고 하신 것입니다."

"잘 알겠습니다. 끝으로 지혜(智慧)의 특징을 말씀해 주십시오."

"대왕이여! 나는 앞서 '지혜(智慧)는 번뇌를 재단(裁斷)하는 것'이라 말했습니다만 동시에 조파(照破: 지혜의 빛으로 범부의 무명을 깨침)하는 것도 지혜의 특징이라 하겠습니다."

"그 까닭은?"

"대왕이여! 마음에 지혜(智慧)가 생기면 무명(無明: 번뇌의 근본)의 어둠을 쫓아버리고 지식의 빛과 예지(叡智)의 광명을 빛내어 무아(無我)를 깨닫게 됩니다."

"예를 들어 설명해 주십시오."

"대왕이여! 지혜는 암흑을 깨뜨리는 등불과 같은 것입니다. 한 번 등불을 켜면 어둠은 소멸하여 밝아지고 주위에 존재하는 모든 물건이 분명하게 나타납니다. 지혜는 마치 이와 같은 것입니다."

"잘 알았습니다. 존자여! 그런데 이상과 같은 지계(持戒)와 신(信)과 정진(精進)과 염(念)과 그리고 선정(禪定) 지혜(智慧) 등의 여섯 가지 선법(禪法)은 모두 같은 목적에 들어간다는 말씀이지요?"

"그렇습니다. 대왕이여! 이상과 같은 선법들은 모두 번뇌를 없애는 점에 있어서 동일한 목적에 돌아가는 것입니다."

"예를 들어 설명해 주십시오."

"그것은 사병(四兵)과 같은 것입니다.

군사에 상병, 마병, 차병, 보병의 구별은 있어도 근본은 적군을 이기는 것이 군사들의 유일한 목적 아니겠습니까? 마찬가지로 수행의 선법이 여섯 가지로 나누어져 있지만 근본은 한결같이 번뇌의 마군(魔軍)을 쳐부수고 이기는 데 있는 것입니다."

"네, 잘 알았습니다. 존자여!"

질병에 덜 걸리게 하는 네 가지 방법이 있다.
첫째는 살생을 삼가고 채식을 하는 것이요,
둘째는 방생을 하여 목숨을 살려 주는 것이며,
셋째는 부처님께 절하는 것이요,
넷째는 부처님 명호를 부르는 일이다.
滅病四法 一戒殺吃素 二放生救命
三禮拜諸佛 四稱念佛號
-고덕

23. 해탈자解脫者는
재생再生 여부를 아는가의 문제

"존자여! 번뇌를 극복하여 완전히 해탈의 경지에 들어간 사람은 이 악세(惡世)에 자기가 다시 태어나지 않을 것을 깨닫게 됩니까?"

"그렇습니다. 깨닫게 되지요."

"어떻게 그것을 깨닫게 됩니까?"

"대왕이여! 재생(再生)을 가져오는 원인(原因)이 없어진 것을 깨달아 알기 때문입니다."

"예를 들어 설명해 주십시오."

"대왕이여! 마치 농부가 농사를 지은 곡식을 창고에 재어놓고 먹으면서 다음에 농사를 짓지 않는다면 대왕이여! 그 농부가 창고에 재인 곡식이 차츰 없어져 감을 깨닫게 되겠습니까?"

"존자여! 말할 것도 없이 그 농부는 창고에 재어진 곡식이 차츰 줄어만 가고 농사를 더 짓지 않기 때문에 줄어 가는 줄을 깨닫게 되지요."

"대왕이여! 그와 같이 번뇌를 극복하여 해탈의 경지에 들어간 사람의 경우도 다시 태어나는 원인을 끊어 다해버렸기 때문에 다시 태어날 원인이 없어졌음을 깨달아 알게 되는 것입니다."

"네, 잘 알았습니다. 존자여!"

열반을 얻은 자는
육근六根과 육경六境을 즐기지 않고 또 집착하지 않으며,
그에게는 이미 사랑과 미움의 차별이 없어졌기 때문에
취取하는 욕심이 끊어졌으며,
과거에 지어놓은 업業도 다하였으므로
다음에 나게 되는 일체 원인이 없어진 것입니다.
이미 나는(生) 원인이 없어짐으로 말미암아 태어남도 병듦도
늙음도 죽음도 슬픔 내지 일체 고통이 없어진 것입니다.
대왕이여! 이것이 곧 열반이라는 것입니다.
-나선비구경

24. 고통苦痛과 자살自殺

왕은 계속해서 물었습니다.

"다시 이 세상에 태어나지 않을 것을 깨달은 사람, 모든 세간적인 집착의 구족에서 해탈하여 열반(涅槃)을 얻은 사람에게도 고통이 있습니까?"

"전혀 없지는 않습니다. 깨달은 사람이라도 어떤 일에는 고통을 느끼니까요 하지만 그것 외에는 고통을 느끼지 않습니다."

"그러면 어떤 일에 고통을 느낍니까?"

"육체적인 것에서는 고통을 느낍니다. 그러나 정신적인 것에서는 고통을 전혀 느끼지 않습니다."

"그것은 무슨 까닭입니까?"

"대왕이여! 깨달은 사람에게도 고통을 느끼게 하는 육체적 근인(近因)과 원인(遠因)을 갖추고 있기 때문입니다.

그렇기 때문에 그 결과로서의 고통은 면할 수 없습니다.

그러나 그는 정신적인 면에 있어서는 조금도 고통을 느끼지 않는 것입니다."

"존자여! 그러면 그는 육체적 고통을 면하기 위하여 어째서 자살(自殺)을 하지 않습니까? 육체만 없다면 그는 모든 고통에서 완전히 해방될 수 있을 것 아닙니까?"

"대왕이여! 깨달은 자는 그런 부자연한 짓은 하지 않습니다. 그는 익지 않은 과일을 억지로 흔들어 떨어뜨리지 않고 가만히 성숙할 때가 오기를 기다리는 것입니다.

대왕이여! 그래서 옛날 사리불 존자는 이렇게 게송을 읊었습니다."

나는 죽음도 원치 않고
나는 삶도 바라지 않노라.
마치 어진 머슴이
수고비를 기다리듯
나는 때가 이름을 기다릴 뿐.
나는 죽음도 원치 않고
나는 삶도 바라지 않고
오직 정지(正知) 정념(正念)으로
때가 이름을 기다릴 뿐.

"네, 알았습니다. 존자여!"

대왕이여! 깨달은 사람에게도 고통을 느끼게 하는
육체적 근인近因과 원인을 갖추고 있습니다.
그렇기 때문에 그 결과로서의 고통은 면할 수 없습니다.
그러나 그는 정신적인 면에 있어서는
조금도 고통을 느끼지 않는 것입니다.
-나선비구경

25. 현세現世의 죄를
내생來生에 면할 수 있느냐의 문제

왕이 다시 질문을 하였습니다.

"존자여! 현세에서 생(生)을 마치고 내생(來生)에 생(生)을 받아 날 경우 어떤 요소가 태어납니까?"

"대왕이여! 몸뚱이가 태어나지요."

"현세의 몸뚱이 그대로가 태어납니까?"

"아닙니다. 대왕이여! 현세의 몸 그대로가 아니라, 현세에서 지은 모든 선악의 업, 이것이 다음 세상의 다른 몸뚱이를 태어나게 하는 것입니다."

"그러면 존자여! 그와 같이 다시 태어나는 새로운 몸뚱이는 현세에서 지은 죄악(罪惡)에서 면할 수 있을까요?"

"면할 수 없습니다."

"그것은 무슨 까닭입니까?"

"대왕이여! 그것은 현세에서 지은 행위(습관)로 말미암아 몸을 받게 되기 때문입니다."

"예를 들어 설명해 주십시오."

"대왕이여! 어떤 사람이 남의 과수원에서 망고를 훔쳤다고 합시다. 과수원 주인이 그 도적을 잡아 관청에 끌고 갔습니다. 그러자 그 도적은 '나는 저 사람의 망고를 훔친 것이 아닙니다. 내가 딴 망고는 본래 저 사람이 땅에 심었을 때의 망고와는 전혀 별도의 것입니다. 그러므로 나는 저 사람에게서 도적놈이라고 불릴 까닭이 없습니다'라고 말했다면, 대왕이여! 당신은 이 변명을 들어주시겠습니까?"

"들어줄 수 없지요. 마땅히 그 사람은 처벌되어야 할 것입니다. 그것은 무슨 까닭입니까? 왜냐하면 그가 훔쳐 낸 망고는 본래 과수원 주인이 심은 망고나무에서 땄기 때문입니다."

"대왕이여! 그와 같이 내생의 몸은 현세에서 지은 업(業)에서 생겨나는 까닭으로 현세에서 지은 죄악에서 면할 수 없는 것입니다."

"존자여! 또 한 가지 예를 들어보시오."

"대왕이여! 비유컨대 어떤 사람이 추운 날씨에 불을 피워 쬐고는 불을 끄지 않고서 그냥 가버렸다고 합시다. 그런데 그 불이 스스로 번져 곡식을 태웠기 때문에 곡식의 주인이 그 사람을 잡아 관가에 끌고 가서 '저 사람이 나의 곡식을 태웠다'고 호소를 하였습니다. 그러자 그가 '아닙니다. 곡식을 태운 불은 끄지 않았던 불과는 전혀 별개의 불입니다. 그러므로 나는 죄인이 될 조건이 없습니다'라고 한다면, 대왕이여! 그는 벌을 면할 수 있겠습니까?"

"존자여, 그는 당연히 벌을 받아야 합니다."

"그것은 무슨 까닭입니까?"

"설사 그가 무슨 변명을 하더라도 곡식을 태운 불은 그가 끄지 않았던 불이 번졌기 때문입니다."

"대왕이여! 마치 그와 같이 현세에서 지은 선악의 업으로 말미암아 내생의 몸을 받기 때문에 현세에서 지은 죄악에서 면할 수 없는 것입니다."

"존자여! 또 한 가지 비유를 들어 보시오."

"대왕이여! 어떤 사람이 어린 소녀에게 장차 결혼할 것을 약속하여 혼례금을 주고 갔다고 합시다. 그 소녀가 점점 자라서 나이가 찼을 때, 다른 남자가 나타나 혼례금을 주고 결혼하려고 하였습니다. 그때, 전에 혼금을 주고 간 남자가 와서 '왜 남의 여자를 데려가려고 하느냐'고 하자, 그가 하는 말이 '나는 당신의 여자를 데려가는 것이 아니오. 당신이 처음 구혼한 소녀는 지금 내가 구혼하려고 하는 처녀와는 전혀 다른 사람이요.' 라고 한다면, 대왕께서는 어느 쪽을 옳다고 하시겠습니까?"

"존자여! 그것은 물론 앞에 구혼한 사람이 옳습니다."

"그것은 무슨 까닭인가요?"

"설혹 뒤에 구혼한 사람이 무슨 말을 한다 해도 나이가 찬 처녀는 앞에 구혼한 사람의 혼금을 받은 소녀가 커서 성년이 된 것이기 때문입니다."

"대왕이여! 마치 그와 같이 내생의 몸은 현세에서 지은 선악의 업으로 말미암아 얻어지기 때문에 현세에서 지은 죄악에서 면할 수 없는 것입니다."

"네, 잘 알았습니다. 존자여!"

세인들은 급하지도 않은 일에는 서로 앞다퉈 쫓아다니지만,
생사윤회를 벗어나는 일에 관심조차 두지 않는구나!
지극히 악독하고 괴로움이 가득 찬 세상에서
몸과 마음을 고달프게 부리면서 세상일 하느라 고생하며
자신의 욕망을 채우기 위해 쓸데없이 바쁘게 살아가는구나.
–석가세존, 〈무량수경〉에서

26. 차별差別의 문제

왕은 또 물었습니다.

"존자여! 사람은 어찌하여 평등(平等)하지 않습니까?

어떤 사람은 목숨이 길고, 어떤 사람은 목숨이 짧고,

어떤 사람은 병이 많고, 어떤 사람은 건강하고,

어떤 사람은 못나고, 어떤 사람은 아름답고,

어떤 사람은 유능하고, 어떤 사람은 무능하고,

어떤 사람은 가난하고, 어떤 사람은 부유하고,

어떤 사람은 하천하고 어떤 사람은 고귀하고,

어떤 사람은 어리석고, 어떤 사람은 현명하고...

이렇듯 사람은 왜 각각 다 틀릴까요?"

"대왕이여! 어찌하여 모든 과실(果實)은 각각 다 같지 않을까요?

어떤 과실은 시고, 어떤 과실은 달고,

어떤 과실은 쓰고, 어떤 과실은 떫고, 어떤 과실은 맵고,

어떤 과실은 단단하고, 어떤 과실은 무르고,

어떤 과실은 크고, 어떤 과실은 작고,

어떤 과실은 붉고, 어떤 과실은 노랗고,

이와 같이 어찌하여 과실은 각각 다 틀릴까요?"

"존자여! 그것은 씨앗이 각각 틀리기 때문입니다."

"대왕이여! 당신이 물으신 사람의 차별도 같은 원리로 설명되지 않으면 안되겠습니다. 즉 그것은 각자 업(業)이라는 씨앗이 틀리기 때문에 사람은 모두 평등(平等)하지 못하는 것입니다.

다시 말한다면 사람들이 제 각기 본래 지은 업인(業因)이 틀리는 관계로, 나타나는 결과(結果)도 각각 틀려지지 않을 수 없다는 것입니다.

　　그래서 부처님께서는 '어리석은 중생들이 모두 업(業)을 자기 자신으로 알며, 업을 상속(相續)하고, 업을 모태(母胎)로 알고 업을 의지처로 삼으며, 업의 존비(尊卑)함에 따라 중생(衆生)들은 차별(差別)을 일으킨다'고 하신 것입니다."

　　"네, 잘 알겠습니다. 존자여!"

법장 비구(아미타불의 전신)가 온갖 행위로 장엄하고
궤범을 구족할 수 있었던 것은, 일체만법이 환(환상) 같다 관하여
일체경계에 삼매를 누리고 적정을 유지할 수 있었기 때문이니라.
한편으로는 구업을 잘 지켜서 남의 허물을 비난하지 않고,
신업을 잘 지켜서 율의를 잃지 않으며, 의업을 잘 지켜서
청정하고 물들지 않았느니라. 모든 대도시와 작은 촌락,
가족권속과 진귀한 보물 등에 결코 집착하지 않았으며,
항상 보시·지계·인욕·정진·선정·지혜의 육바라밀 행으로
중생들을 교화하여 안립하게 하고, 위없는 진정한 도에
머물렀느니라.
-불설무량수경

27. 열반涅槃의 경계境界

"존자여! 열반(涅槃)이란 어떤 것입니까?"
"대왕이여! 모든 번뇌(煩惱)를 끊고 나의 죽음이 없어진 경계(境界)가 열반입니다."

"존자여! 좀 더 상세히 말씀해 주십시오."
"대왕이여! 어리석은 범부들은 자기가 가지는 육근(六根: 눈, 귀, 코, 혀, 몸, 뜻)이 바깥경계, 즉 육경(六境: 모양, 소리, 냄새, 입맛, 촉감, 분별)과 교섭함을 즐기며 집착하여 이에 대한 쾌락의 환상을 그리면서 그를 추구함으로 말미암아 업(業)을 짓게 되어 다음 생(生)에 또 태어나고, 늙어야 하고, 병들어야 하고, 죽어야 하며, 모든 근심, 모든 슬픔, 모든 괴로움을 받아야 하며, 이에서 벗어나지 못하는 것입니다.

그러나 열반을 얻은 자는 육근(六根)과 육경(六境)을 즐기지 않고 또 집착하지 않으며, 그에게는 이미 사랑과 미움의 차별이 없어졌기 때문에 취(取)하는 욕심(慾心)이 끊어졌으며, 과거(過去)에 지어놓은 업(業)도 다하였으므로 다음에 나게 되는 일체 원인이 없어진 것입니다.

이미 나는(生) 원인이 없어짐으로 말미암아 태어남도, 병듦도, 늙음도, 죽음도, 슬픔 내지 일체 고통이 없어진 것입니다.

대왕이여! 이것이 곧 열반이라는 것입니다."
"네, 잘 알았습니다. 존자여!"

왕은 다시 말을 이었습니다.

"존자여! 사람은 누구나 열반을 얻을 수 있습니까?"

"대왕이여! 누구나 얻을 수 있는 것은 아닙니다.

그러나 대왕이여! 누구든지 바른 도(道)를 수행하고 깨달아야 할 점을 깨닫고, 알아야 할 법을 두루 알고, 끊어야 할 것을 끊고, 익혀야 할 법을 익히고, 깨쳐야 할 법을 깨치는 사람은 열반을 얻을 수 있습니다."

"네, 잘 알겠습니다. 존자여!"

28. 성자聖者와 속인俗人의 다른 점

"존자여! 당신네와 같은 스님이라도 우리들 속세 인간들과 같이 몸뚱이를 아낍니까?"

"그렇지 않습니다."

"그래도 당신네들은 우리들과 같이 밥을 먹고 옷을 입고 상당히 몸을 보호하고 있지 않습니까?"

"대왕이여! 당신은 그동안 전장(戰場)에 나가시어 한 번도 부상을 당해 본 일이 없으십니까?"

"없지는 않습니다."

"그런 경우 그 상처에 약을 바른다든지 붕대로 감는다든지 여러 가지로 치료하시지 않았습니까?"

"네, 그렇게 했지요."

"그러면 당신은 그처럼 소중히 보호하고 그처럼이나 깊은 주의를 해서까지 그 상처가 귀엽고 사랑스러운 것으로 생각하셨습니까?"

"아니지요. 존자! 나는 상처가 귀여워서가 아니라, 치료를 한 것은 상처를 고치기 위한 때문이었습니다."

"대왕이여! 우리들 승려가 몸을 보호하는 것은 마치 그와 같아서 몸이 사랑스러워서가 아니라 인생의 정법을 닦기 위해서 그를 보호하는 것에 불과한 것입니다."

"잘 알았습니다. 그런데 존자여! 사람이 정욕(情慾)을 끊는 것과 끊지 않은 것은 어떤 점으로 구별됩니까?"

"대왕이여! 하나는 갈애(渴愛: 오욕, 특히 색욕에 대한 심한 욕심) 때문에 부림을 받고, 하나는 갈애 때문에 부림을 받지 않습니다."

"존자여, 갈애 때문에 부림을 받는 것과 받지 않는 것은 어떤 점으로 알 수 있습니까?"

"하나는 만족함을 모르고, 하나는 족함을 안다는 것입니다."

"그렇지만 존자여! 정욕(情慾)을 끊지 않은 사람이나 정욕(情慾)을 끊은 사람이나 다 같이 맛있는 것을 좋아하고 맛없는 것은 싫어하지 않습니까?"

"대왕이여! 정욕을 끊지 않은 사람은 맛좋은 것을 좋아함과 동시에 맛좋은 것에 집착을 하나 정욕을 끊은 사람은 맛좋은 것을 즐길 뿐으로, 그 맛좋은 것에 대하여 집착하는 마음이 없는 것입니다."

"네, 잘 알았습니다. 존자여!"

대왕이여! 눈과 눈의 대상에 의하여 안식眼識이 생겨나고
따라서 감정도, 지각도, 사념도, 촉감도, 그와 함께 생겨나는
것입니다. 그러므로 거기에는 영혼이란 있을 수 없습니다.
또 귀와 소리에 의하여 이식耳識이 생기며…… 내지
뜻과 법(法·분별)에 의하여 의식意識이 생기고, 따라서
감정, 지각, 사념, 촉감 등도 그와 함께 생겨나는 것입니다.
이리하여 그와 같은 모든 법法은 인연에 의하여 지배되고
변화할 뿐 영혼이란 있을 수 없는 것입니다.
-나선비구경

29. 영혼靈魂의 문제

왕은 또 물었다.

"존자여! 영혼이란 어떤 것입니까?"

"대왕이 생각하는 영혼이란 무엇인가요?"

"영혼이란 사람 속에 있는 영(靈), 즉 그 영이 속에 있어서 눈을 통(通)하여 모양을 보고, 귀를 통하여 소리를 듣고, 코를 통하여 향기를 맡고, 혀를 통하여 맛을 알고, 몸을 통하여 촉감을 알며, 뜻을 통하여 분별을 하는 그런 것이지요, 비유를 들자면 지금 이 누각 안에 앉은 우리가 누각의 어느 창문으로도 바깥을 내다볼 수 있는 것과 같습니다. 즉 동쪽 문으로도 내다볼 수 있고, 서쪽 문으로도 내다볼 수 있고, 남쪽 북쪽 어느 문(門)으로도 내다볼 수 있습니다.

존자여! 이와 같이 사람의 몸속에 있는 영혼(靈魂)은 어느 육근(六根: 眼, 耳, 鼻, 舌, 身, 意)의 문으로도 내다볼 수 있으니, 이를테면 눈의 문(門)으로는 바깥 모양을 보며,

귀의 문(門)으로는 바깥 소리를 들으며,

코의 문(門)으로는 바깥 냄새를 맡으며,

혀의 문(門)으로는 입에 드는 맛을 알며,

몸의 문(門)으로는 감촉을 알며,

뜻의 문(門)으로는 분별을 아는 이런 것입니다."

"대왕이여! 제가 잘 해답해 드리겠습니다.

과연 대왕의 말씀과 같이 누각 안에 앉은 우리들이 누각의 어느 창문으로도 바깥 모양을 내다볼 수 있듯, 몸속에 있는 영혼이

육근을 통하여 바깥을 내다 볼 수 있는 것이라고 한다면, 영혼이 눈으로도 바깥 모양을 내다 볼 수 있을 뿐 아니라, 귀로도 바깥 모양을 내다보겠고, 코로도 바깥모양을 내다보겠고, 혀로도 바깥 모양을 내다보겠고, 몸으로도 바깥 모양을 내다보겠고, 뜻으로도 바깥모양을 내다볼 수 있겠군요?"

"존자여! 그린 이치는 없습니다."

"대왕이여! 그럴 수 없다면 대왕의 말씀이 전후가 맞지 않군요.

대왕이여! 여기 누각에 앉은 우리들이 창문 밖으로 얼굴을 내밀며 허공을 통하여 보면 누각 안에서 보는 것보다 훨씬 잘 보일 것입니다.

그러므로 차라리 '눈의 문'을 제거해 버린다면 그 속의 영혼이 얼굴을 허공 밖으로 내밀어 바깥 모양이 훨씬 더욱 잘 보일 것이요, '귀의 문'도 제거해 버리고, '코의 문'도 제거해 버리고, '혀의 문'도 제거해 버리고, '몸의 문'도 제거해 버리고, '뜻의 문'도 제거해 버린다면 영혼이 허공을 통하여 훨씬 더 소리를 잘 듣고, 향기를 맡고, 맛을 보고, 촉감을 알며, 분별을 하겠군요?"

"존자여! 그럴 이치가 없습니다."

"대왕이여! 그렇다면 당신의 말씀은 전후가 전혀 모순이 되는군요. 대왕이여! 가령 내가 밖으로 나가서 문밖 아래에 섰다고 합시다. 그러면 대왕이여! 당신은 내가 문밖 아래에 섰다는 것을 아시겠습니까?"

"알지요."

"대왕이여! 그와 마찬가지로 가령 혓바닥에 음식이 놓였다면 몸 속의 영혼이 그 맛이 짜다든지 시다든지 또는 달다는 것을 알겠습니까?"

"압니다, 존자여!"

"그러면 음식이 목구멍을 넘어가서 위로 들어갔을 때 안에 있는 영혼은 그 음식이 쓰다든지 짜다든지 또는 달다는 것을 알겠습니까?"

"알지 못합니다. 존자여!"

"대왕이여! 그렇다면 당신의 말씀은 전혀 전후가 맞지 않는군요!" 대왕이여! 비유컨대 어떤 사람이 백개의 꿀단지를 가지고 와서 큰 꿀통에 부어 채운 다음 입을 막은 한 사람을 꿀통에 집어넣었다고 합시다. 대왕이여! 그때 꿀통 속에서 그 사람이 꿀이 달고 달지 않다는 것을 알겠습니까?"

"알지 못합니다."

"왜 그럴까요?"

"존자여! 그 사람의 입에 꿀이 들어가지 않기 때문입니다."

"대왕이여! 그렇다면 당신의 말씀은 전혀 앞뒤가 맞지 않는군요!"

"존자여! 나는 당신과 같은 논사(論師)와 대론(對論)할 수가 없습니다."

"존자여! 그 뜻을 잘 가르쳐 주시면 감사하겠습니다."

이에 나선 비구는 논부(論部)의 진리에 비추어 설명하여 미란왕을 납득시켜 주었습니다.

"대왕이여! 눈과 눈의 대상(對象)에 의하여 안식(眼識)이 생겨나고 따라서 감정(感情)도, 지각(知覺)도, 사념(思念)도, 촉감(觸感)도, 그와 함께 생겨나는 것입니다. 그러므로 거기에는 영혼이란 있을 수 없습니다.

또 귀와 소리에 의하여 이식(耳識)이 생기며…… 내지 뜻과 법(法·분별)에 의하여 의식(意識)이 생기고, 따라서 감정, 지각, 사념, 촉감 등도 그와 함께 생겨나는 것입니다.

이리하여 그와 같은 모든 법(法)은 인연(因緣)에 의하여 지배되고 변화할 뿐 영혼이란 있을 수 없는 것입니다."

"네 잘 알았습니다. 존자여!"

전체가 자기自己다

허공虛空 법계法界

나(我), 이것은 무엇입니까?
법성(法性)이야말로 나입니다.
선종에서 말하는 "부모님이 낳기 전 본래면목"이야말로 나입니다.
곧, 부모님이 낳기 전 본래면목이 법성입니다.
법성, 이것은 무엇입니까?
온 법계 허공계에 두루 존재하는 일체법의 본체입니다.
온 법계 허공계에 두루 존재하는 일체의 법은 어디서 옵니까?
법성이 변화한 것입니다.
화엄경에서는 "우주 삼라만상 전체는 오직 마음이 현현한 것이고
식識이 변화된 것이니, 마음이 바로 성性이고, 식識 또한 성性이다"
설하고 있습니다.
불가사의한 성식(性識), 이것이야말로 진정한 자기입니다.
이 자기를 어떻게 찾아내는지 알게 되면
허공법계 전체가 자신임을 깨닫습니다. _정공淨空 큰스님

30. 부처님의 존재存在

왕은 또 말하였습니다.

"존자여! 당신은 부처님을 보신 일이 있으십니까?"

"없습니다."

"그러면 당신의 스승께서는 보신 일이 있으신가요?"

"없으십니다."

"그렇다면 부처님의 존재는 확실성이 없겠군요.

"대왕이여! 당신은 히말라야 산중에 존재한다는 오하 강(江)을 보신 적이 있으십니까?"

"없습니다."

"그러면 당신의 부왕께서는 보신 일이 있으신가요?"

"없으십니다."

"그렇다면 오하 강(江)의 존재는 확실성이 없겠군요."

"그렇지 않습니다. 존자여! 설사 내가 보지 못하고 또 나의 부왕이 못 보셨다 하더라도 오하강의 존재는 의심할 수 없습니다."

"대왕이여! 그와 같이 설사 내가 또는 나의 스승이 부처님을 뵈온 일이 없더라도 부처님이 존재하시는 사실은 의심할 수 없습니다."

"네 잘았습니다. 존자여!"

왕이 다시 말을 이었습니다.

"그런데 존자여! 부처님은 과연 세상에 비할 자 없는 무상존(無上尊)이었을까요?"

"그렇습니다. 대왕이여! 부처님은 세상에 비할 자 없는 무상존이셨습니다."

"그렇지만 존자여! 당신은 한 번도 부처님을 보신 일이 없는데 어떻게 부처님이 무상존(無上尊)이시라는 것을 알 수 있습니까?"

"대왕이여! 일찍이 대해(大海)를 보지 못한 사람이라도 바다의 깊이는 심히 깊어 측량할 수 없다는 것, 거기에 갠지스, 야우나, 아이라발지, 사라브, 마히의 오대강(五大江)이 다 같이 바다로 흘러든다는 것, 또 오대강들이 흘러들어도 바닷물은 조금도 불어나지도 않고 줄어들지도 않는다는 것, 이러한 사실만은 알 수 있지 않을까요?"

"그런 것은 알 수 있지요."

"대왕이여! 마치 그와 같이 나는 직접 부처님을 뵈온 일은 없어도 어떤 위대한 존재라도 감히 부처님에게만은 비교할 수 없는, 진정 부처님이야말로 무상존(無上尊)이시라는 사실만은 명확히 알 수 있는 것입니다."

"네 잘 알았습니다. 그런데 존자여! 모든 중생들도 부처님이 무상존이시라는 사실을 알 수 있을까요?"

"대왕이여! 그렇습니다. 중생들은 부처님이 무상존이라는 사실을 알 수 있습니다."

"중생들이 어떻게 하여 그것을 알 수 있을까요?"

"대왕이여! 옛날 제수(帝須) 장로라는 학문이 높으신 스님이 계셨습니다. 그가 죽은 후 세월이 많이 흘렀는데, 오늘날 그를 알 수 있는 것은 어떻게 하여 알 수 있었을까요?"

"존자여! 그것은 후세에 전한 문물(文物)에 의하여 알 수 있었지요."

"대왕이여! 그와 같이 중생이 부처님의 무상존이라는 사실을 아는 것도 그와 같습니다. 법(法)을 보는 자는 부처님을 보는 것입니다. 법(法)은 부처님이 남기신 것이기 때문이지요."

"잘 알았습니다. 존자여! 그리고 또 부처님은 대인(大人)의 상(相)인 32종의 상호(相好)와 80종의 수형호(隨形好)를 구족하시고 피부는 자마황금(紫磨黃金)의 빛을 지니시며 몸의 주위에 길이 6척의 후광(後光)을 발하신다고 하는데 그것은 사실이니까?"
"그렇습니다. 대왕이여!"
"그러면 부처님의 양친께서도 이 같은 서상(瑞相)을 가지셨던가요?"
"아니었습니다."
"무릇 자식된 자는 그 모친이나 부친을 닮아야 하는 것이 아닙니까?"
"대왕이여! 일백의 꽃잎을 가지는 연화(蓮華)가 있습니까?"
"있지요."
"그 연화가 어디서 납니까?"
"연화는 진흙에서 나며 물 위에서 꽃을 피웁니다."
"그러면 그 연화의 색깔이나 향기는 그 속에 난 진흙과 닮았을까요?"
"그럴 이치가 없습니다."
"대왕이여! 마치 그와 같이 부처님은 여러 가지 서상(瑞相)을 가지시지만은 그것은 부처님 자신에게만 구족된 것으로 부모에게 그것을 받은 것이 아닙니다."
"네, 잘 알았습니다. 존자여!"

[나선 존자] "대왕이여! 극히 작은 돌맹이는 강물에 뜰까요?"
[미란 왕] "뜨지 않겠지요."
[나선 존자] "그러면 100근의 큰 무거운 돌이라도 배에
실으면 물에 뜰까요?"
[미란 왕] "물론 뜨지요."
[나선 존자] "대왕이여! 일념의 신심도 그와 같이 아무리
죄업 많은 중생이라도 부처님께 지성으로 귀의한다면
그 신심공덕으로 죄업은 소멸되고 극락국토에 태어나게
되는 것입니다."
- 나선비구경(미란다왕문경)

31. 일념一念의 신심信心

"존자여! 당신들은 흔히 '설령 사람이 백년 동안 죄업을 지었더라도, 목숨이 다하는 즈음에 부처님께 일념(一念)이라도 신심(信心)을 일으켜 귀의(歸依)하다면 그 공덕에 의지하여 극락정토에 태어난다'고 하지만, 나는 아무래도 그 말을 믿을 수가 없습니다."

"대왕이여! 극히 작은 돌맹이는 강물에 뜰까요?"

"뜨지 않겠지요."

"그러면 100근의 큰 무거운 돌이라도 배에 실으면 물에 뜰까요?"

"물론 뜨지요."

"대왕이여! 일념의 신심도 그와 같이 아무리 죄업 많은 중생이라도 부처님께 지성으로 귀의한다면 그 신심공덕으로 죄업은 소멸되고 극락국토에 태어나게 되는 것입니다."

"네, 잘 알겠습니다. 존자시여."

염불(念佛)은 뛰어난 방편법

부처님께서 말씀하신 무량한 수행문의 문(門)은 모두 중생의 근기에 따른 방편으로 모든 사람들에게 이익을 준다.

여려 방편 가운데에서 지명염불(持名念佛)이란 [아미타불을 쉬지 않고 입으로 부르는 것. 생각하는 것] 보다 더 뛰어난 방편은 없다. 염불(念佛)수행의 뛰어난 점을 대략적으로 살펴보자.

어떤 사람이든 닦을 수 있다.

염불이 뛰어난 방편이 되는 첫 번째 이유는 "여러 근기(根器)를 두루 거두어 주기" 때문이다. 지혜로운 이나 어리석은 이나 모두 닦을 수 있으며, 출가수행자나 재가자도 모두 감당할 수 있다.

남자든 여자든, 귀하든 천하든 구별 없고 절에서나 마을에서나, 바쁠 때나 한가할 때나 시간에 구애 없고, 앉아있을 때나 움직일 때나 언제든 염불할 수 있다.

다만 일심(一心)으로 염불할 뿐, 어떤 사람이든 누구나 모두 극락왕생하여 생사를 초월하고 영원히 윤회를 쉬게 된다.

어떤 사람이 "염불은 어리석은 사람이 할 수행이지, 지혜로운 사람이 수행할 필요가 있겠느냐?"고도 말한다.

내가 감히 묻겠는데, 문수보살과 보현보살보다 뛰어나고 지혜로운 사람이 있는가? 두 보살님도 모두 발원하여 왕생정토을 구하였다.

보현게송(普賢偈頌)에 이르기를,

"내가 임종할 때 일체 장애(障碍)가 모두 사라지고,

아미타불을 친견하여 극락세계에 왕생하기를 원하옵니다."

라고 하였다.

그리고 문수보살게송(文殊菩薩偈頌)에서도 보현게송과 마찬가지로 설하셨다.

또한 아무리 지혜롭더라도 영명대사나 연지대사보다 뛰어나겠는가? 두 대사는 바다와 같은 깊은 지혜와 뛰어난 재주를 지녀서 고금에 널리 추앙받는 스님으로, 온 마음을 다해 염불하며 힘써 정토법문(淨土法門)을 폈으며, 저술하신 것이 많고 또한 세상에 널리 유포되어 있다.

이와 같은데도 내가 어떤 사람인데 어찌 염불을 할 수 있겠느냐고 말할 수 있겠는가? "총명한 이가 총명 때문에 잘못된다"는 속담에 들어맞는 이가 이런 부류의 사람이다.

또 어떤 사람은 "염불은 출가(出家) 수행자의 일이지, 재가자(在家者)는 염불할 필요가 없다"고 말한다.

이런 말은 부처님의 보살핌을 저버릴 뿐만 아니라 중생에게 큰 잘못을 짓는 것이다.

모든 부처님의 설법 가운데 널리 중생을 제도하지 않는 것이 없다.

부처님께서 설한 염불법문은 세 가지 근기의 사람들을 모두 이롭게 하며, 구계(九界)를 모두 뛰어넘는 것으로 곧 널리 중생을 제도(濟度)하는 법이다.

그런데, 어떻게 출가 수행자만 제도하고 재가자는 제도하지 않겠느냐?

그러므로 남녀노소 구별없이 발심하여 염불하면 모두 제도될 수 있다. 재가자들 가운데 일생 동안 염불하여 임종시(臨終時)에 상서로운 현상이 나타나고 서방 극락세계에 왕생한 사람이 매우 많다.

또 어떤 사람은 "염불은 절에서 하거나 아니면 불상(佛像) 앞에서 할 것이지 그 외에 마을의 집 같은 곳에서 할 수 없다"고 말한다. 이런 사람들은 염불법을 바르게 이해하지 못한 것이다.

마땅히 알아야 한다. 일상 생활을 하는 24시간 가운데 용변 볼 때를 제외하고는 염불(念佛)하지 못할 때와 장소는 없다.

반드시 생각생각이 서로 이어져야 바야흐로 염불공부가 바르게 숙달된 것이다.

또한 생각생각이 한 덩어리를 이루어야 하며, 잠자는 가운데서도 염불할 수 있어야 공부에 힘을 얻은 것이다.

공부의 결과가 이와 같으면 임종시에 바야흐로 일심(一心)이 되어 마음이 뒤바뀌지 않는다.

〈염불수행을 권하는 법문〉 중에서

32. 알고 짓는 죄와 모르고 짓는 죄

왕은 또 말을 이었습니다.

"존자여! 알고 짓는 죄와 모르고 짓는 죄와는 어느 쪽이 더 죄가 클까요?"

"대왕이여! 모르고 짓는 죄가 더 큽니다."

"그것은 무슨 까닭입니까?"

"대왕이여! 사람이 불에 달군 쇳덩이를 뜨거운 줄 모르고 잡으려 하는 것과 뜨거운 줄 알고 잡으려 하는 것은 어느 쪽이 심한 화상을 입을까요?"

"그것은 모르고 잡는 쪽이 심한 화상을 입지요."

"대왕이여! 그와 같이 모르고 짓는 죄가 더 큽니다."

불자들은 필히 오계(五戒: 살생, 투도, 사음, 망어, 음주)와 십선계(十善戒)를 받아야 한다. 혹자가 묻기를 지키지 못할 계(戒)를 왜 받는가 반문하면 파계(破戒)하더라도 한번은 뉘우침을 마음 깊이 참회할 기회가 주어지는 것이다.

〈대반열반경〉에서 일천제마저 성불의 씨앗이 있다고 설하신 것은 이와 같은 맥락이다.

경문을 쓰고 배우며 독송 수지하면
생각마다 부처님을 친견하게 되므로
공덕은 헤아리기 어렵다.
화엄경에 이르길, "모든 공양 중에 법공양이
제일이니라(諸供養中 法供養最)"라고 하였다.
-반주삼매경 심요

33. 복福과 죄罪는 어느 쪽이 더 큰가?

왕이 또 물었습니다.

"존자여! 복(福)과 죄(罪)는 어느 쪽이 클까요?"

"대왕이여! 복이 크고 죄가 작습니다."

"어째서 복이 크고 죄가 작은가요?"

"대왕이여! 어떠한 큰 죄라도 죄를 지은 자는 필경 '내가 죄를 지었구나' 하고 깨닫고 뉘우치게 되는 것이니, 결국 이 뉘우치게 되는 까닭으로 죄는 오그라들 뿐, 더 커지지 못하는 것입니다.

그러나 복은 지은 자는 전혀 뉘우치는 일이 없이 오히려 더 복을 기뻐하고 찬양하고 또 즐겨하게 됩니다. 따라서 복을 지은 자는 몸과 마음이 가벼워지고 상쾌해지며 항상 안정을 유지할 수 있기 때문에 복은 더욱 커지게 되는 것입니다.

대왕이여! 옛날 죄를 짓고 형벌을 받아 수족(手足)을 잘린 사람이 한 다발 연꽃을 부처님께 올린 공덕으로 구십일 겁 동안 악도(惡道)에 떨어지지 않았다고 하였습니다.

대왕이여! 이와 같은 이유에서도 우리들은 복은 크고 죄는 작은 것이라고 하는 것입니다."

"잘 알았습니다, 존자여!"

아난다여, 사람들은 부처를 참다운 벗으로 사귐으로써
늙어야 할 몸이면서 늙음에서 자유로워질 수가 있다.
병들어야 할 몸이면서 병에서 자유로워질 수가 있다.
또 죽을 수 밖에 없는 인간이면서 죽음에서 자유로워질 수 있다.
- 상응부경

34. 이 몸으로 천상에 갈 수 있나?

왕이 또 말하였습니다.

"존자여! 이 현실의 몸을 가지고 북울단월주(北鬱單越洲: 인간세상에서 제일 살기 좋고 행복한 나라)에도 가고 혹은 범천계(梵天界)나 딴 세계에 갈 수 있는 자도 있을까요?"

"대왕이여! 이 육신(肉身)을 가지고 울단월주(鬱單越洲)에도 갈 수 있고 범천계(梵天界)나 혹은 딴 세계에도 갈 수 있습니다."

"어떻게 하여 이 몸을 가지고 갈 수 있습니까?"

"대왕이여! 당신은 한 발로 1라다나를 뛸 수 있습니까?"

"뛸 수 있습니다. 나는 8라다나까지도 뛸 수 있지요."

"대왕이여! 어떻게 하여 8라다나까지 뛸 수 있습니까?"

"존자여! 내가 뛰겠다고 마음을 먹고 마음을 그렇게 먹으니 몸이 가벼워졌습니다."

"대왕이여! 그와 같이 신통력(神通力)이 있고 마음의 자재(自在)를 얻은 비구스님은 몸을 마음 가운데 상승(上昇)시켜 마음의 수습(修習)에 의지하여 공중을 갈 수 있습니다."

"네 잘 알았습니다. 존자여!"

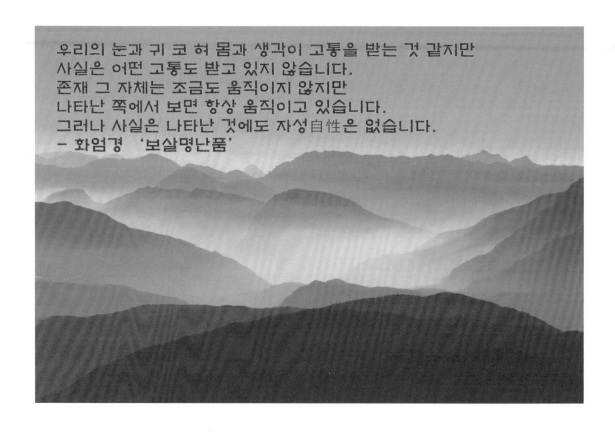

우리의 눈과 귀 코 혀 몸과 생각이 고통을 받는 것 같지만
사실은 어떤 고통도 받고 있지 않습니다.
존재 그 자체는 조금도 움직이지 않지만
나타난 쪽에서 보면 항상 움직이고 있습니다.
그러나 사실은 나타난 것에도 자성自性은 없습니다.
– 화엄경 '보살명난품'

35. 마음은 미리 닦아야만 하는가의 문제

"존자여! 대개 당신네들은 '원컨대 이 고통은 소멸하여지고 다음 고통은 일어나지 않을지어다'라고 하면서 정진(精進)을 한다지만, 마음의 공부는 (그것이 참선이던 염불이던) 꼭 미리부터 닦아야만 하는 것일까요?

혹은 때가 이르는 것을 보아, 말하자면 나이가 한참 든 후에, 그때 닦아도 무방하지 않을까요?"

"대왕이여! 때가 목전에 이르러 하는 공부는 미리부터 지어 놓아야 할 것을 짓지 않는 것이요, 닦아 놓아야 할 일을 닦아 놓지 않는 것이 됩니다."

"존자여! 비유를 들어 설명해 주십시오."

"대왕이여! 당신은 이것을 어떻게 생각하시겠습니까? 만약 당신이 목이 말랐을 때 '내가 물이 먹고 싶다'고 하면서 갑자기 우물을 파게 하고 연못을 파게 하시겠습니까?"

"그렇게 하지는 않을 것입니다."

"대왕이여! 그와 같이 때에 이르러 하는 공부는 미리부터 지어 놓아야 할 것을 짓지 않는 것이요, 닦아 놓아야 할 일을 닦아 놓지 않는 것이 됩니다."

"다시 비유를 들어 주십시오."

"대왕이여! 가령 당신이 배고픔을 느꼈을 때에야 비로소 '내가 밥을 먹어야겠다'며 갑자기 논을 갈고 씨앗을 뿌리고 하시겠습니까?"

　"존자여! 그렇지는 않을 것입니다."

　"대왕이여! 그와 같이 때에 이르러서야 하는 공부는 본래 미리 해 놓아야 할 일을 해 놓지 않은 것이요, 닦아 놓아야 할 것을 닦아 놓지 않는 것이 됩니다."

　"또 딴 예를 들어보시오."

　"대왕이여! 만약 당신이 전쟁이 일어난 후에야 '싸움에 이겨야겠다'며 갑자기 참호를 파고 진지를 구축하고 성을 쌓고 군사를 훈련시키겠습니까?"

　"존자여! 그렇지는 않을 것입니다."

　"대왕이여! 그와 같이 때에 이르러서야 하는 공부는 지어 놓아야 할 것을 놓지 않는 것이요, 미리부터 닦는 정진이라야만 마땅히 지어 놓을 것을 짓는 것이 되는 것입니다."

　"잘 알았습니다. 존자여!"

저 (육도윤회를 벗어난) 극락세계에 태어나고자 하는 이는 마땅히
삼복을 닦아야 하느니라.
그 첫째는 부모님께 효도 봉양하고, 스승과 어른을 받들어 모시며,
자비로운 마음으로 살생을 하지 말고, 열 가지 선업을 닦아야 하며,
둘째는 삼보를 받아들이고 늘 기억하여, 온갖 계행을 구족하고
위의를 범하지 않아야 하며,
셋째는 보리심을 발하고, 깊이 인과를 믿으며, 대승경전을 독송하고,
권면하고 이끌어주어야 하나니, 이 같은 세 가지 일을 극락세계에
왕생하는 청정한 업이라 이름하느니라.
-관무량수경

36. 윤회輪迴란 무엇인가?

왕이 또 질문하였습니다.

"존자여! 당신네들이 말하는 윤회(輪迴)란 어떤 것입니까?"

"대왕이여! 여기서 죽은 사람이 저기에 태어나며, 저기서 죽은 사람이 또 다른 곳에서 태어납니다. 대왕이여! 이와 같이 끝없이 전전하며 나고 죽음을 거듭하는 것이 윤회(輪迴)라는 것입니다."

"비유를 들어 설명해 주십시오."

"대왕이여! 마치 사람이 과실을 먹고 그 씨앗을 땅에 심으면, 그 연으로 나중에 과실을 열리게 하여 그 상속(相續)됨이 그치지 않는 것과 같이, 여기에 죽은 사람이 저기에 태어나고 저기에 죽은 사람이 또 어딘가에서 태어납니다. 대왕이여! 이렇게 하여 끝없이 돌고 도는 것이 윤회(輪迴)라는 것입니다."

"잘 알았습니다. 존자여!"

교진여(최초의 아라한)여!
일체법은 인연을 좇아 생기므로 체성이 없나니,
허공과 같이 상견常見을 여의고 단견斷見을 여의어
비록 짓는 자와 받는 자가 없을 지라도
선악의 법은 패망하여 사라지지 않는다.

憍陳如 一切法從因緣生無有體性 離常離斷猶如虛空
雖無作者及以受者 善惡之法而不敗亡
- 붓다, '전법륜경' 중에서

37. 모태母胎에 들어가는 것에 대한 질문

"존자여! 유정(有情: 생명체)이 모태에 들어갈 때 어떠한 문(門)을 통하여 들어갑니까?"

"대왕이여! 유정이 태(胎)에 들어갈 때의 문은 없습니다."

"예를 들어 설명해 주십시오."

"대왕이여! 당신에게 보석을 넣어 둔 상자가 있으십니까?"

"있지요."

"대왕이여! 당신이 그 보석상자를 마음으로 생각하십시오."

"네, 생각합니다. 존자여!"

"대왕이여! 당신의 마음이 보석상자로 갈 때, 어떠한 문을 통하여 갔습니까?"

"존자여! 나의 마음이 보석 상자로 갈 때, 아무런 문을 통하지 않았습니다."

"대왕이여! 유정이 모태에 들어갈 때, 문이 없는 것도 그와 같은 이치입니다. 마치 당신의 마음이 보석상자를 생각하는 것처럼 유정이 모태에 드는 것입니다."

"잘 알았습니다. 존자여!"

'자아'의 개념이 없는 출세간의 정견正見

정견의 경계가 출세간의 도에 있는 것으로
바로 '멸滅'의 경계입니다.
인因이 견도 과정 중에 있어 해탈경계를 볼 수 있습니다.
이때 '자아'가 선업을 짓고, '자아'가 불선업을 지으며,
'자아'가 부동업을 짓는 개념은 있을 수가 없습니다.
'자아'의 개념이 없어서 세간의 소연을 제거할 수 있고
출세간의 지혜를 성취할 수 있습니다. 그래서
출세간의 정견이야 말로 완전히 번뇌를 바로 끊어버리고
번뇌로 하여금 다시 출현할 기회가 없도록 만드는
힘이 있습니다.
- 전법륜경 강기

38. 죽은 자에게 공덕功德 짓는 문제

"존자여! 가령 어떤 사람이 자기의 죽은 부모를 위하여 정성을 드리며 물건을 보시한다면, 그 보시공덕이 죽은 부모에게 돌아가 받아지겠습니까?"

"대왕이여! 어떤 이에게는 받아지고 어떤 이에게는 받아지지 않습니다."

"존자여! 어떤 이에게는 받아지고 어떤 이에게는 받아지지 않습니까?"

"대왕이여! 지옥(地獄)에 난 사람과 천상(天上)에 난 사람과 축생(畜生)으로 난 사람에게는 받아지지 않습니다. 또 네 가지의 아귀(四餓鬼)로 난 자 중에서도 식토물아귀(食吐物餓鬼), 기갈아귀(飢渴餓鬼), 소갈아귀(燒渴餓鬼)로 난 자는 받아지지 못하며, 오직 타시활명아귀(他施活命餓鬼)로 난 자 만이 그 공덕을 받게 되는데, 그것도 보시자가 그 죽은 이를 추념(追念)하여 생각하는 때만이 받아질 수 있습니다."

"그렇다면 존자여! 만약 그 보시한 공덕이 죽은 이에게 받아지지 못하는 경우 그 보시는 아무런 보람도 없이 헛된 것이 되지 않을까요?"

"대왕이여! 헛되지 않을 뿐 아니라, 그 공덕은 시자(施者) 본인에게로 다시 돌아가는 것입니다."

"존자여! 그렇다면 비유를 들어 납득시켜 주십시오."

"대왕이여! 비유컨대 한 사람이 맛 좋은 떡과 밥을 많이 장만하여 친족을 찾아갔을 때, 그 친족들이 그것을 받지 않는다고 하면, 대왕이여! 그 물건은 그 자리에서 사라져 없어집니까?"

"없어지지 않습니다. 그것은 도로 그 본인의 물건으로 돌아갑니다."

"대왕이여! 그와 같이 죽은 이에게 베푼 공덕도 받아지지 않을 경우 그것은 도로 베푼 이에게로 돌아오는 것입니다. 대왕이여! 비유컨대 방안으로 들어간 사람이 앞에 나가는 문이 없을 때, 어느 문으로 나오게 됩니까?"

"존자여! 물론 들어간 문으로 나오게 되지요."

"대왕이여! 그와 같이 공덕을 베푼 사람이 도로 그것을 받게 되는 것입니다."

"잘 알았습니다. 존자여! 과연 그 공덕은 베푼 이에게로 돌아가겠습니다."

사념처가 있어야 해탈이 있고,
사념처가 없으면 수행에 의한 해탈은 없습니다.
수념修念은 지관止觀의 조건을 성취하는 것으로
「알아차림」이 없으면 해탈도 없습니다.
그래서 남전·북전 모두 사념처를 기초로 삼아
세계의 모든 법은 모두 사념처 가운데 포괄된다
고 설명합니다. 사념처 중에서 법념처는
신·수·심·법 및 일체법을 포함합니다.
사념처에 대한 이해가 깊어질수록
사성제에 대한 이해도 깊어질 수 있습니다.
-〈부처님께 깨달음의 길을 묻다〉(전법륜경강기)

39. 선善과 악惡은 어느 쪽이 큰가?

왕은 또 말을 이었습니다.

"존자여! 만약 어떤 사람이 행한 보시공덕이 죽은 이에게 돌아갈 수 있다면, 같은 이치로 어떤 사람이 악독(惡毒)한 범죄를 하고는 죽은 이를 향하여 '이 악한 죄가 모두 죽은 이에게 돌아가게 하소서'라고 한다면 그 갚음이 죽은 이에게로 돌아가게 됩니까?"

"그것은 돌아갈 수 없습니다."

"그렇다면 존자여! 무슨 까닭으로 선(善)은 죽은 이에게 돌아갈 수 있고 악(惡)은 돌아갈 수 없습니까?"

"대왕이여! 이는 물으실 말씀이 못됩니다. 대왕이여! 설사 대답하는 자가 있을지라도 응당 질문해야할 말씀을 질문하셔야 합니다. 무슨 까닭으로 허공에는 가만히 서 있는 자가 없는가, 무슨 까닭으로 강물은 위로 향하여 흐르지 아니 하는가, 무슨 까닭으로 사람과 새는 두 발로 걷고 짐승은 네 발로 걷는가를 당신은 나에게 질문하려 하십니까?"

"존자여! 나는 당신을 곤란에 빠뜨리기 위하여 묻는 말씀이 아닙니다. 나는 심히 깊은 의문이 있기 때문입니다."

"세상에는 하도 왼손잡이, 눈먼 소경들이 많으니 그들은 어찌하여 치료를 받지 못하는가에 대하여 나는 당신에게서 의문을 풀고자 함에서입니다."

"대왕이여! 같이 행동하지도 않고 그 행동에 동의하지도 않는 사람과는 악업을 나눌 수 없습니다.

"대왕이여! 비유컨대 사람이 물은 퍼서 가져갈 수는 있습니다. 그렇지만 대왕이여! 큰 바위로 된 산을 그대로 옮겨 갈 수 있겠습니까?"

　　"옮겨 갈 수 없지요."

　　"대왕이여! 그와 같이 선은 나눌 수 있기 때문에 서로 나누어 가질 수 있어도 악은 나누어 가지지 못합니다. 대왕이여! 또 비유컨대 기름으로는 등불을 켤 수 있지만 물을 가지고 등불을 켤 수 있을까요?"

　　"켤 수 없습니다."

　　"대왕이여! 그와 같이 선(善)은 나누어 가질 수 있어도 악(惡)은 나누어 가질 수 없습니다. 대왕이여! 또 비유컨대 농부가 저수지로부터 물을 끌어 벼농사를 짓습니다. 그러나 대왕이여! 바닷물을 끌어 벼농사를 지을 수 있겠습니까?"

　　"지을 수 없습니다."

　　"대왕이여! 그와 같이 선(善)은 나눌 수 있어도 악(惡)은 나눌 수 없습니다."

　　"존자여! 무슨 이유로 선(善)은 나눌 수 있어도 악(惡)은 나눌 수 없을까요?"

　　"대왕이여! 악(惡)은 작은 것이고 선(善)은 큰 것이기 때문입니다. 악(惡)은 작은 것이기 때문에 지은 이에게만 국한하고, 선(善)은 큰 것이기 때문에 천상이나 인간계로 두루 넓혀지는 것입니다."

　　"비유를 들어 설명해 주시오."

　　"대왕이여! 이를테면 작은 한 방울 물이 땅에 떨어진다면 대왕이여! 그 물방울이 십 리나 이십 리나 넓혀지며 흘러갈 수 있습니까?"

"그럴 수 없지요. 그 물방울은 떨어진 자리에만 스며들 뿐입니다."

"대왕이여! 그것은 무슨 까닭입니다."

"존자여! 물방울이 너무도 작은 까닭입니다."

"대왕이여! 그와 같이 악(惡)은 작은 것이기 때문에 지은 자에게만 국한되고 남과 나누어 가질 수 없는 것입니다.

그러나 또 대왕이여! 큰 비가 와서 웅덩이거나 연못이거나 호수거나 평지거나를 막론하고 물을 채우고 넘칠 때, 대왕이여! 그 물이 널리 퍼지며 흐릅니까?"

"그렇습니다. 존자여! 널리 퍼지며 흐르지요."

"대왕이여! 그것은 무슨 까닭입니까?"

"존자여! 그것은 비가 많이 와서 큰물이 졌기 때문입니다."

"대왕이여! 그와 같이 선(善)은 큰 것이요, 많은 것이기 때문에 인간이나 하늘에도 나눌 수 있는 것입니다."

"존자여! 무슨 까닭으로 악(惡)은 작은 것이고 선(善)은 큰 것입니까?"

"대왕이여! 비유컨대 남에게 보시를 행하고 혹은 계율을 받아 지키며, 혹은 포살을 행하는 자는 기뻐하고 감복하게 되며, 그는 언제나 마음이 편안하고 즐거움을 느끼며, 마음이 기쁘면 기쁠수록 더욱 선(善)은 늘어나며 커지기 때문입니다.

대왕이여! 마치 많은 물이 넘치는 우물에 더욱 많은 물이 솟아 나면 일면 흘러가더라도 그 물이 항상 다하지 않고 더욱 넘쳐흐르듯, 대왕이여! 선(善)은 더욱 넘치며 커지는 것입니다.

또 대왕이여! 어떤 사람이 그가 백년 동안이나 지어온 선(善)에 대하여 더욱 마음을 기울여 힘쓴다면, 힘쓸수록 선(善)은 더욱 늘어나고 커져서 남들과도 얼마든지 갖고 싶은 만큼 나누어 가질 수 있는 것입니다.

그러나 대왕이여! 악(惡)은 지은 자는 그가 필경에는 후회(後悔)를 하게 되고, 후회를 한 자는 자연 마음이 쪼그라들며, 펴지지 못하고, 슬퍼하며 괴로워하는 까닭으로 악(惡)은 자연 크지 못하고 거기서 그치며 소멸(消滅)되고 마는 것입니다.

대왕이여! 비유컨대 고갈된 강의 모래사장에 적은 양의 물이 내려오면 거기에만 스며버리고, 더 이상 범람하지 못하고 그치는 것과 같이, 대왕이여! 악을 지은 사람은 결국 후회하고, 마음이 위축되고 물러나며, 슬픔과 괴로움으로 인하여 마침내 악이 크지 못하고 정의(正義=선) 앞에 굴복하며, 그로써 그치고 마는 것입니다. 대왕이여! 이것이 악의 작은 이유라 하겠습니다."

"네, 잘 알았습니다. 존자여!"

우리는 중도中道의 기본정신이
부처님의 마지막 관심임을
알아차릴 수 있습니다.
중도는 추상적인 이론 고찰이 아닙니다.
불법은 지식 철학이 아니라
구체적이고 충실한 생활에서부터
깊이 절실하게 반성하고
실행하는 것이어야 합니다.
생활은 몸소 경험하는 것이고,
번뇌는 절실히 몸에 와 닿는 것입니다.
생활하는 가운데 청정·화합·지혜를 향하여
부단히 노력 향상하는 것이 바로 "중도"입니다.
-'전법륜경 강기' 중에서

40. 세상에 존재하지 않는 것이 무엇인가?

"존자여! 세상에는 모든 부처님도 있고,

모든 벽지불(碧支佛=연각승緣覺僧)도 있고,

모든 성문승(聲聞僧)도 있고,

모든 전륜성왕(轉輪聖王: 무력을 쓰지 않고 전 세계를 덕으로 다스리는 임금)도 있고,

모든 지방의 왕(王)도 있고,

모든 인천(人天)도 있고,

모든 부자(富者)도 있고,

모든 빈자(貧者)도 있고,

모든 행복자(幸福者)도 있고,

모든 불행자(不幸者)도 있고,

모든 남녀(男女)도 있고,

세상에는 태생(胎生)으로 나는 자, 난생(卵生)으로 나는 자, 습생(濕生)으로 나는 자, 화생(化生)으로 나는 자도 있으며,

발 없이 기는 자(者), 두 발로 걷는 자(者), 네 발로 걷는 자(者), 많은 발을 가지는 자(者) 등이 있으며,

야차(夜叉)와 나찰(羅刹)과 아수라(阿修羅), 아귀(餓鬼), 식인귀(食人鬼), 긴나라(緊那羅), 마후라가(摩睺羅伽), 용(龍), 금시조(金翅鳥), 마술사(魔術師), 주술사(呪術師) 등이 있으며,

코끼리, 소, 낙타, 말, 염소, 사슴, 돼지, 사자, 호랑이, 표범, 곰, 늑대, 개 등 모든 짐승과 모든 새들이 있으며,

금, 은, 진주, 마니, 보석, 산호, 유리, 금강, 수정, 무쇠, 동광,

은강, 청동 등이 있으며,

삼, 명주, 무명베, 삼베, 털베 등이 있으며,

쌀, 산도, 보리, 밀, 팥, 콩, 녹두, 깨 등이 있으며,

근향(根香), 간향(幹香), 박피향(薄皮香), 피향(皮香), 엽향(葉香), 화향(花香), 과향(果香) 등 모든 향(香)이 있으며,

풀, 줄기풀, 관목, 모든 수목, 모든 약초, 수풀, 하천, 산, 바다, 모든 고기, 거북 등 세상에 일체 물건이 다 있는데, 존자여! 만약 세상에 없는 것이 있거든 말씀해 보시오."

"대왕이여! 세상에 모든 물건이 있어도 이 세 가지는 있을 수 없습니다.

무엇이 세 가지인가?

즉, '세상에 늙지 않고 죽지 않음'이 없고,

'모든 만물이 변하지 않고 무너지지 않음'이 없고,

또 '제일의(第一義)적으로 말하여 영원(永遠)이란 것'이 없습니다."

"네, 잘 알았습니다. 존자여!"

중생을 부처님처럼 섬겨라

만약 보살이 능히 중생을 따라 섬기면
곧 모든 부처님을 따라 섬기고 공양함이 되며,
만약 중생을 존중히 받들어섬기면
곧 부처님을 존중히 받들어 섬김이 되며,
만약 중생으로 하여금 환희심이 나게 하면
곧 부처님으로 하여금 환희하시게 함이니라.
- 화엄경 보현행원품

41. 왜 세상에 두 부처님이 나시지 않나?

"존자여! 이 세상에는 어째서 두 부처님이 나시지 않습니까? 석가여래 부처님 한 분만 나셔도 세상에 이렇게 빛나는데, 만일 두 부처님이 나신다면 얼마나 빛날 것이며, 더욱 중생의 제도에도 훨씬 수월하지 않을까요?"

"대왕이여! 이 세상은 본래 한 부처님 밖에 나시지 못하게 되어있는 까닭으로 한 부처님 밖에 나시지 않는 것입니다. 만약 이 세상에 두 분의 부처님이 나신다면 세상은 흔들리고 기울며 파멸될 것입니다.

대왕이여! 비유컨대 한 사람 밖에 탈 수 없는 배에 같은 무게의 두 사람이 탄다면 그 배가 견디겠습니까? 견디지 못할 것입니다. 그 배는 흔들리고 기울어져 침몰하고 말 것입니다.

대왕이여! 이와 같이 이 세상은 한 부처님만을 태울 뿐, 만약 두 부처님을 싣는다면 이 세상은 파멸되고 말 것입니다. 또 대왕이여! 어떤 사람이 있어 밥을 욕심껏 먹어 목구멍에까지 찼는데, 또 그 먹은 만큼 밥을 더 먹는다면 대왕이여! 그 사람이 안전할까요? 안전 할 수 없지요, 결국 그 사람은 배가 터져 죽게 될 것입니다.

대왕이여! 그와 같이 이 세상에는 한 부처님을 태우고 또 한 여래만의 공덕을 실을 뿐, 두 부처님을 용납하지 못합니다."

"존자여! 법(法)도 과중(過重)하면 세상이 못 견딜까요?"
"대왕이여! 여기에 빛나는 보석을 가득 실은 한 수레가 있다고 합시다. 거기에 또 같은 양의 보석을 실은 수레를 끌고 와서 그 수레에 전부 옮겨 싣는다면 그 수레가 견디겠습니까?

견딜 수 없지요. 결국 그 수레는 부서지고 말 것입니다.

대왕이여! 그와 같이 과중한 법의 무게로 세상이 흔들리고 부서져 견디지 못할 것입니다. 대왕이여! 이것은 또 한 분의 부처님만으로도 만족하다는 뜻을 말해주는 것이기도 합니다.

뿐만 아니라 대왕이여! 이 세상에 두 부처님이 출세치 못할 이유를 또 들어보시오. 만일 두 부처님이 같은 세상에 함께 나신다면, 그 두 부처님을 숭배하는 대중들간에 쟁론이 벌어져 서로 '내 부처님, 네 부처님' 하면서 두 파로 갈라져 시끄러워질 것입니다.

대왕이여! 또 들어 보시오. 만약 두 부처님이 세상에 나신다면 부처님은 최존최고(崔尊最高)라는 말도, 극승무비(極勝無比)란 말도, 무쌍무대(無雙無對)란 말도 틀려질 것입니다.

대왕이여! 이와 같이 두 부처님이 같은 세상에 출현치 않는 이유를 잘 이해하십시오. 뿐만 아니라 대왕이여! 한 부처님의 출세는 곧 제불의 본성이요 자성인 것입니다.

그 이유를 말하자면 일체지 불덕은 우주에 편만하여 가장 유일한 까닭입니다. 대왕이여! 세상에서 가장 큰 자는 유일(唯一)이라는 칭호로 불리웁니다. 대지(大地)가 유일이요, 바다도 유일이요 수미산(須彌山: 불교의 성산. 현재 티벳에 있는 카일라스산을 실제의 수미산으로 보기도 한다)도 유일이요, 제석천(帝釋天)도 또한 세상의 유일인 것입니다.

대왕이여! 이와 같은 모든 이유로 세상에 두 분의 부처님이 나시지 않는 이유입니다."

"네, 잘 알았습니다. 존자여!"

나(부처님)는 왕자의 지위를 문틈에 비치는 먼지처럼 보고,
금이나 옥 따위의 보배를 깨진 기왓장처럼 보며,
비단옷을 헌 누더기같이 보고,
삼천대천 세계를 한 알의 겨자씨같이 본다.
열반을 아침 저녁으로 깨어 있는 것과 같이 보고,
평등을 참다운 경지로 보며,
고화를 펴는 일을 사철 푸른 나무와 같이 본다.
－사십이장경

42. 출가出家의 필요성은 무엇인가

"존자여! 옛날에 부처님께서 '출가한 자거나 재가한 자거나 바르게 도(道)를 행하는 자는 다 같이 정리(正理)·선법(善法)을 이룩한다'고 하였는데, 만일 그렇다면 재가자 즉, 속세에서 처자를 거느리고 모든 욕망을 채우며 영화를 누리면서 사는 속인들도 바르게 행을 닦으면 정리·선법을 이룩할 수 있고, 또 출가자 즉, 부모 처자와 영영 이별하고 모든 세속 영화를 버리며 산중에서 온갖 고행을 겪고 닦는 출가비구도 같은 정리·선법을 이룬다면, 존자여 재가자와 출가자와 다른 점이 무엇입니까? 사실 그렇다면 사람이 출가자거나 재거자거나 바르게만 도를 닦는다면 같은 정리·선법을 이룩한다고 하신 것 아니겠습니까!"

"하지만 대왕이여! 설사 출가자라 하더라도 '나는 출가자이다' 하면서 바른 도(道)를 닦지 않으면 그는 일반 사문의 지위보다 멀고, 바라문의 지위보다 못할 것이니 하물며 재가인 속인이야 더 말할 나위 있겠습니까? 설령 재가자라도 바르게만 도를 행하면 필경에는 정리·선법을 이룩할 것입니다.

그러나 대왕이여! 출가자는 세상에 바른 도를 닦는 자 중에서도 가장 으뜸이요, 수장(首長)입니다. 따라서 그 공덕은 다종공덕(多種功德), 무량무량(無量功德)으로 출가의 공덕(功德)은 헤아릴 수 없는 것입니다.

대왕이여! 비유컨대 모든 욕망을 이루어 주는 마니보주(摩尼寶珠)는 '가치가 이만큼이다' 하고 돈으로 그 값을 헤아리지 못하는 것과 같이 출가의 공덕은 다종공덕 무량공덕으로서 그 공덕을 헤아리지 못합니다.

대왕이여! 마치 대해(大海)의 물결이 '이만큼이다' 하고 표시할 수 없는 것과 같이 출가의 공덕은 종종공덕(種種功德), 무진공덕(無盡功德)으로서 그 공덕을 표시할 수 없는 것입니다. 그리고 대왕이여! 출가자는 해야 할 일을 속히 이행하여 밤(미혹함)이 길지 않습니다.

대왕이여! 비유컨대 마디 없이 곧으며 잘 다듬어진 화살은 잘 쏘일 뿐 아니라 빠르고 정확하게 잘 날아가듯, 대왕이여! 출가자는 할 일을 속히 성취하여 밤(미혹함)이 길지 아니합니다."

"네, 잘 알았습니다. 존자여!"

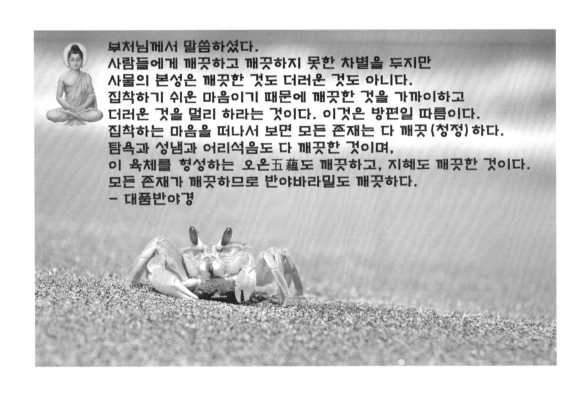

부처님께서 말씀하셨다.
사람들에게 깨끗하고 깨끗하지 못한 차별을 두지만
사물의 본성은 깨끗한 것도 더러운 것도 아니다.
집착하기 쉬운 마음이기 때문에 깨끗한 것을 가까이하고
더러운 것을 멀리 하라는 것이다. 이것은 방편일 따름이다.
집착하는 마음을 떠나서 보면 모든 존재는 다 깨끗(청정)하다.
탐욕과 성냄과 어리석음도 다 깨끗한 것이며,
이 육체를 형성하는 오온五蘊도 깨끗하고, 지혜도 깨끗한 것이다.
모든 존재가 깨끗하므로 반야바라밀도 깨끗하다.
- 대품반야경

43. 출가자의 속퇴俗退에 관한 질문

왕은 또 말하였습니다.

"존자여! 불교는 가장 넓고 크며 가장 진실하고 깨끗하며 또 가장 원만하고 결점이 없어 말하자면 보통 범부들로는 대단히 닦기가 어려운 종교입니다. 그러므로 이러한 교단에 사람을 처음 출가시킬 때는 당장 속인(俗人)을 그대로 출가시키는 것은 옳지 않습니다.

일단 속세(俗世)에 있을 때부터 미리 가르쳐 일과의 수행과위(修行果位)에까지 들게 하여 다시는 세속에 돌아갈 염려가 없어진 다음에 출가시키는 것이 마땅할까 생각합니다.

그 이유는 이러한 삿된 사람들이 직접 청정한 교단에 출가한 후 도로 세속에 물러나게 되어 결국 세상 사람들은 말하기를, '보라! 불교도 별 수 없는가 보다! 그들은 다시 속세로 돌아왔다'고 할 것이기 때문입니다."

"네, 대왕의 질문의 뜻은 잘 알았습니다. 그러나 대왕이여! 비유컨대 여기에 깨끗한 물이 가득 채워진 연못이 하나 있다고 합시다. 거기에 어떤 더러운 때가 묻은 사람이 이 연못에까지 왔건만 목욕하여 때를 씻지 않고 더러운 그대로 돌아갔다면 대왕이여! 세상 사람은 그때 묻은 사람과 연못, 어느 쪽을 나무랄까요?"

"존자여! 물론 세상 사람은 때 묻은 사람을 나무라지요.
'그가 연못에까지 갔어도 목욕을 하지 않고 돌아갔으니 목욕을 아니 하는 그를 어찌 연못 스스로가 목욕을 시켜주겠는가! 연못

자체에 무슨 허물이 있으리요'라고 말할 것입니다."

"대왕이여! 그와 같이 부처님께서 최승정법(最勝正法)의 연못에 최승해탈의 물을 가득 채워놓고 '번뇌의 때가 있는 자는 여기에 목욕하여 번뇌의 때를 씻으라!'고 하시는데, 어떤 사람이 그 최승정법의 연못에까지 갔어도 목욕을 하지 않고 번뇌를 가진 채 속세로 돌아갔다면 세상 사람이 그를 이렇게 나무랄 것입니다.

즉, '그는 부처님의 가르침에 다행히 입문했건만 아깝게도 다시 속세로 돌아왔다, 도(道)를 수행하지 못하는 그를 어찌 가르침 스스로가 깨끗이 해 주겠는가? 부처님 가르침 자체에 무슨 허물이 있으리오' 라고."

"대왕이여! 또 비유컨대 중병(重病)에 걸린 사람이 그의 병을 고칠 수 있는 의사를 만나고서도 치료를 받지 않고 병을 가진 채 돌아갔다면 세상 사람이 의사와 병자 어느 쪽을 나무랄까요?"

"존자여! 물론 병자를 나무라지요. '그가 자기 병을 고칠 수 있는 의사를 만나고서도 치료를 받지 않고 갔으니 치료 받지 않는 그를 어찌 의사 스스로가 치료해 주겠는가? 의사에 무슨 허물이 있으리오' 라고 말할 것입니다."

"대왕이여! 그와 같이 부처님의 약총(藥寵) 중에는 모든 번뇌의 병을 고치는 불사(不死)의 영약(靈藥)을 담아 놓고 '번뇌의 병에 신음하는 환자는 이 약을 먹고 번뇌의 병을 낫게 하라'고 하시는데, 어떤 사람이 그 영약을 보고서도 먹지 않고 번뇌를 가진 속세로 돌아갔다면 세상 사람이 그를 이렇게 나무랄 것입니다.

즉 '그가 다행히 부처님 가르침에 출가했건만 아깝게도 속세에 다시 돌아왔다. 도(道)를 행하지 못하는 그를 어찌 가르침 스스로가 번뇌의 병을 낫게 해 주겠는가! 부처님의 가르침 자체에 무슨 허물이 있으리오' 라고."

"대왕이여! 또 비유컨대 어떤 배고픈 사람이 마침 잔치하는 장소에 가서 밥과 음식을 만났지만 음식과 밥을 먹지 않고 배고픈 그대로 돌아왔다면 세상 사람이 배고픈 사람과 음식과 밥 가운데 어느 쪽을 나무랄까요?"

"존자여! 물론 배고픈 사람을 나무라지요. '그가 배고파하면서 음식과 밥을 만나고서도 먹지 않고 돌아왔으니 먹지 않는 그의 입에 어찌 음식과 밥 스스로가 들어가겠느냐! 음식과 밥 자체에 무슨 허물이 있으리요' 라고 말할 것입니다."

"대왕이여! 그와 같이 부처님 교의(敎義)의 그릇에 가장 극승선미(極勝善味)롭고, 수묘감미(殊妙甘味)로운 불멸(不滅)의 음식을 담아 놓고 '번뇌에 괴로워하고 갈애(渴愛)에 정복당한 자는 이 음식을 먹고 모든 번뇌와 갈애를 버리라'고 하시는데, 어떤 사람이 그 음식을 보고서도 먹지 않고 번뇌와 갈애를 가진 채 속세로 돌아왔다면 세상 사람은 그를 보고 이렇게 나무랄 것입니다.

즉, '그는 다행히 불교에 출가했건마는 아깝게도 속세로 다시 돌아왔다. 도(道)를 행하지 못하는 그를 어찌 교의(敎義) 스스로가 번뇌, 갈애를 없애주겠는가! 불교 자체에 무슨 허물이 있으리오' 라고."

"대왕이여! 그리고 또 당신이 앞에 하신 말씀과 같이 재가한 속인을 미리 가르쳐 일과의 수행과위에 들게 한 후에 출가시킨다고 한다면 그 출가는 번뇌를 버리기 위함도 아니며, 청정을 닦기 위함도 아닌 것이 되어 출가는 별로 소용이 없는 것이 될 것입니다.

대왕이여! 비유컨대 어떤 사람이 수백의 인력(人力)을 들여서 목욕을 위한 큰 연못을 만들어 놓고 대중에게 고하기를, '모든 사람들이여! 더러운 때가 있는 사람은 이 연못에 목욕하지 마시오. 더러운 때가 없는 사람만 목욕하시오.' 라고 하였다면, 대왕이여! 이미 때가 없는 깨끗한 사람에게 그 연못이 필요하겠습니까?"

"필요 없습니디. 그들은 이미 그 연못에 가기 전에 몸이 깨끗한 상태인데 또 무슨 연못이 필요하겠습니까?"

"대왕이여! 그와 같이 만약 부처님이 재가한 속인을 가르쳐 일과에 든 사람만 출가시킨다고 하면 그곳에서 이미 할 일이 다 마쳐졌는데, 또 무슨 출가가 필요하겠습니까?

대왕이여! 또 비유컨대 어떠한 환자의 병(病)이라도 깊이 생각하여 병의 원인을 알아내며 유효하고 정확한 약(藥)을 쓰는 의사가 대중에게 고하기를, '모든 사람들이여! 병이 있는 자는 나에게 오지 말고, 병이 없는 사람만 나에게 와서 치료를 받으시오'라고 한다면, 대왕이여! 그들 병 없는 사람이 그 의사를 필요로 하겠습니까?"

"필요로 하지 않습니다. 그들은 의사를 찾기 전에 이미 병이 나아 있는데, 또 무슨 의사가 필요하겠습니까."

"대왕이여! 그와 같이 만약 부처님이 재가자를 가르치는 일과(一果)에 진입한 사람만 출가시킨다면 그곳에서 이미 할 일을 마쳐져 있는데, 무슨 출가가 필요하겠습니까?

대왕이여! 또 비유컨대 맛있는 요리를 수백 그릇 만들어 놓고 대중에게 고하기를, '배고픈 사람은 오지 말고, 배부른 사람만 오라'고 한다면, 대왕이여! 그들 배부른 사람이 그 요리를 필요로 하겠습니까?"

"필요로 하지 않습니다. 그들은 이미 요리를 보기 전에 배가 불러 있는데, 또 무슨 요리가 필요 하겠습니까?"

"대왕이여! 그와 같이 만약 부처님이 재가자를 가르쳐 일과에 진입한 사람만 출가시킨다면 거기서 그들의 할 일이 이미 다 되어 있는데, 또 무슨 출가가 필요하겠습니까?

대왕이여! 그리고 또 출가한 사람이 세속에 다시 물러감은 도리어 그로 말미암아 불교의 다섯 가지 비할 수 없는 훌륭한 덕(德)을 보여줌이 되는 것이니, 무엇이 다섯 가지냐 하면,

1. 불교가 '심히 크다' 함을 보여주고,
2. 불교는 '심히 청정무구'하다 함을 보여 주고,
3. 불교는 '악한 사람이 함께 머물 수 없다' 함을 보여주고,
4. 불교는 '감히 범부로는 통달하기 어렵다' 함을 보여 주고,
5. 불교에서는 '많은 율행을 지켜야' 함을 보여주기 때문입니다.

그러면 첫째 '불교는 심히 크다' 함은 어떻게 보여주는가?

그것은 대왕이여! 비유컨대 지식도 없고 재력도 부족하며 별로 잘나지도 못한 사람이 가령 큰 정권을 잡게 된다고 하면 오래지 않아 국민의 여망(輿望)으로부터 추락되고 실각하여 결국 그 주권을 보전하지 못하게 되는 것이니 그것은 무슨 까닭이냐 하면, 그 정권이 자기 능력에 비하여 너무도 크기 때문입니다.

대왕이여! 그와 같이 사람이 뛰어나지도 못하고 지은 복력도 없는 자는 불교에 출가했더라도 그는 그 극승최상의 출가를 보전하지 못하고 오래지 않아 불교로부터 전락되고 실각하여 결국 속퇴하고야 마는 것입니다. 그것은 무슨 까닭이냐 하면, 불교가 그의 능력에 비하여 너무도 크기 때문입니다.

대왕이여! 그래서 속퇴하는 자로 말미암아 도리어 불교의 '지극

히 큼'을 보인다는 것입니다.

그러면 둘째, 불교가 '심히 청정무구 하다' 함은 어떻게 보여 주는가? 그것은 대왕이여! 비유컨대 연꽃잎에 떨어진 물은 즉시 굴러 떨어져 꽃잎에 묻지 아니하는 것이니, 그 까닭은 연꽃잎이 너무도 깨끗한 까닭입니다.

대왕이여! 그와 같이 악(惡)하고 거짓되고 꾸부러진 소견(所見)을 가진 자는 불교에 비록 출가했다 하더라도 청정무구하고 최승 극승의 가르침을 받지 못하고 물러나며 굴러 떨어져 결국 속퇴하고야 마는 것입니다. 그것은 무슨 까닭이야 하면, 불교가 너무도 청정결백하여 그가 견디어 참을 수가 없기 때문입니다.

대왕이여! 이래서 속퇴하는 자로 말미암아 도리어 불교의 청정무구함을 보인다는 것입니다.

또 셋째, 불교는 '악(惡)한 사람이 함께 머무를 수 없다' 함은 어떻게 보여주는가? 그것은 대왕이여! 비유컨대 바다의 물은 죽은 시체와 함께 머물지 아니합니다. 바다에 시체가 있으면 곧 언덕 쪽으로 밀어 붙이거나 육지로 보내게 되는 것이니 그것은 무슨 까닭이냐 하면, 바다는 큰 유류(大有類)들이 사는 곳이기 때문입니다.

대왕이여! 그와 같이 부패되고 행실 없고 게으르며 잡되고 사악(邪惡)한 사람은 불교에 비록 출가했다 하더라도 오래지 않아서 더 머물러 있지 못하고 결국 속퇴하고야 마는 것입니다. 그것은 무슨 까닭이냐 하면 불교에는 사악한 사람은 함께 머무를 수 없기 때문입니다.

대왕이여! 이래서 속퇴하는 자로 말미암아 도리어 불교는 '악인이 함께 머무를 수 없음'을 보인다는 것입니다.

또 넷째는, 불교는 감히 '통달하기 어렵다' 함은 어떻게 보여주는가? 대왕이여! 비유컨대 재주도 없고 연습도 하지 않으며 지

혜도 없는 사수(射手)는 '터럭의 끝'을 겨냥하며 화살을 쏘아도 그
것을 맞히지 못하고 마냥 빗나가게만 하는 것입니다.

대왕이여! 그와 같이 지혜도 없고 어리석으며 귀먹고 벙어리
같으며 아둔한 자는 불교에 비록 출가했다 하더라도 극승미세한
사성제(四聖諦)법을 통달하지 못하고 빗나가게 되어 결국 속퇴하고
야 마는 것입니다. 그것은 무슨 까닭이냐 하면, 사성제(四聖諦)법
이 너무도 부드럽고 가늘어서 통달하기 어렵기 때문입니다. 대왕
이여! 이래서 속퇴하는 자로 말미암아 도리어 불교는 감히 '범부
(凡夫)로는 통달하기 어렵다'는 것을 보인다는 것입니다.

끝으로 불교에서는 '많은 율행을 지켜야 함'을 어떻게 보여주는
가? 대왕이여! 비유컨대 어떤 군인이 큰 전투가 벌어진 곳에서 적
군에게 포위당하여 사방에서 적의 대군으로부터 공격을 받을 때는
겁을 집어먹고 물러서며 달아납니다. 그것은 무슨 까닭이냐 하면,
지켜야할 전선이 너무 많기 때문입니다.

대왕이여! 그와 같이 지키지도 못하고, 막아내지도 못하며, 참
을성도 없고, 부끄럼도 모르며, 졸렬하고 어리석은 사람은 비록
불교에 출가했다 하더라도 배움과 행을 지키지 못하고 오래지 않
아 물러나며 달아나게 되어 결국 속퇴하고야 마는 것입니다. 그것
은 무슨 까닭이냐 하면, 너무도 엄격하고 많은 율행을 지켜야하기
때문입니다.

대왕이여! 이래서 속퇴하는 자로 말미암아 도리어 불교에서는
'많은 율행을 지켜야 함'을 보인다는 것입니다.

대왕이여! 육지에 나는 꽃 가운데 가장 으뜸이라는 소형총(素響
叢) 중에는 벌레의 침해로 말미암아 향기를 잃고 시들며 떨어지는
것들이 있습니다. 그러나 그 꽃이 향기를 잃고 떨어짐으로 인하여
소형총의 가치가 손상되는 것이 아닙니다. 왜 그럴까요? 그것은
떨어지지 않고 완전하게 남은 꽃들이 소형총의 본래의 향기를 그

대로 주위 사방에 풍겨주기 때문입니다.

대왕이여1 그와 같이 불교에 출가한 사람 가운데 배움과 계(戒)의 향기를 잃고 설령 속퇴하는 자가 있다 하더라도 그로 인하여 불교의 가치가 손상되는 것이 아닙니다.

그것은 왜 그럴까요? 거기에 남은 모든 비구들이 하늘과 인간세계에 본래의 최승계향의 향기를 두루 그대로 풍겨주기 때문입니다.

대왕이여! 또 모든 욕망을 들어주는 마니보주에도 약간의 흠을 발견할 수 있습니다. 그러나 그 약간의 흠으로 말미암아 마니보주의 가치가 상실되는 것이 아닙니다. 그 청정한 부분은 만사람을 기쁘게 해주고 즐겁게 해주는 까닭입니다.

대왕이여! 이와 같이 불교에 출가했더라도 속퇴하는 자는 하잘것 없는 전락자, 낙오자에 불과합니다. 그들이 속퇴함으로써 불교가 무시당하는 것이 아니며 오히려 거기에 남은 비구스님들은 인간과 하늘을 더욱 기쁘게 해주는 것입니다.

대왕이여! 또 아무리 좋은 전단향목이라도 일부가 썩어 향기가 없는 부분이 있습니다. 그러나 그로 인하여 전단향목의 가치가 잃어지는 것이 아닙니다. 썩지 아니한 부분이 본래의 훌륭한 향기를 그대로 풍겨주기 때문입니다.

대왕이여! 이와 같이 비록 불교에 출가했을지라도 속퇴하는 자는 마치 전단향목의 썩은 부분이 자연 버려지듯 스스로 제거될 뿐, 그로 말미암아 불교 본래의 가치성이 손실되는 것이 아닙니다. 거기에 남은 모든 비구스님들이 하늘과 인간세계를 최승계향의 본래 향기를 남김없이 그대로 풍겨주는 까닭입니다."

"네, 잘 알았습니다. 존자여! 과연 불교 자체에 허물이 없음을 알겠으며 퇴속하는 자로 말미암아 도리어 불교의 위대함이 증명되었습니다."

중생의 마음은 물과 같고 아미타부처님은 달과 같다.
중생이 믿음과 발원을 갖추고서 지성으로 부처님을
감득하면 물이 맑아 달이 나타나듯 부처님께서 응현하신다.
만약 마음이 청정하지 못하고 정성이 지극하지 않아
탐진치와 상응하고 부처님과 등져서 물이 탁하고 출렁이면
달이 비록 만물을 버리지 않고 응당 비출지라도
그림자가 물에 나타날 수 없음과 같다.
-인광대사

44. 죽음의 공포

　"존자여, 부처님은 어느 때 '모든 인간은 칼을 두려워하고 모든 인간은 죽음을 겁낸다'고 하셨습니다. 그런데 또 어느 때에는 '아라한(阿羅漢)은 죽음을 초월하여 있다'고 하셨습니다.

　존자여! 아라한은 칼을 겁내지 아니합니까? 또 지옥에 떨어져 불태워지고 삶아지는 중생이 그와 같은 비참한 고통에서 면하고자 할 때 죽음을 두려워 할까요?

　존자여! 부처님께서 말씀하신 '모든 인간은 칼을 두려워하고 모든 인간은 죽음을 겁낸다'는 말씀이 진실이라면, '아라한은 죽음을 초월해 있다'는 말씀은 거짓이요, 만일 '아라한은 죽음을 초월해 있다'는 말씀이 진실이라면, '모든 인간은 칼을 두려워하고 모든 인간은 죽음을 겁낸다'는 말씀은 거짓이 됩니다. (왜냐하면, 아라한도 인간 중에 하나에 속하기 때문입니다.) 존자여! 부처님이 이렇게 거짓이 될 말씀을 하실 수 있습니까?"

　"대왕이여! '모든 인간은 칼을 두려워하고 모든 인간은 죽음을 겁낸다'는 말씀은 아라한을 포함시킨 말씀이 아닙니다."

　"존자여! 그 무슨 말씀입니까? 아라한 또한 인간이 아닙니까?"

　"대왕이여! 아라한은 공포의 원인을 끊은 자입니다.

　대왕이여! 부처님이 그와 같이 하신 말씀은 번뇌(煩惱)를 가지는 자, 모든 세상의 고락(苦樂) 중에 헤매는 일반 중생들을 가리켜 '모든 인간'이라고 하신 말씀이지, 아라한의 도(道)에 이른 사람까지 포함시켜 하신 말씀이 아닙니다.

대왕이여! 아라한은 일체(一切)의 윤회(輪廻)하는 근본을 끊었으며, 입태(入胎)하여 다시 태어나는 근본을 끊었으며, 모든 번뇌(煩惱) 집착(執着)의 근본을 끊었으며, 무든 선(善)과 악(惡)의 근본을 끊었으며, 모든 식(識)의 종자(種子)와 무명(無明)을 끊었으며, 내지 세간법(世間法)의 전부를 끊어 초월하였습니다.

　그런 까닭으로 대왕이여! 아라한에게는 칼에 대한 두려움도, 죽음에 대한 공포도 있을 조건이 없는 것입니다.

　대왕이여! 비유컨대 어느 국왕이 친히 신임하는 네 사람의 대신(大臣)에게 국정을 맡겼다고 합시다. 그때 마침 국가에 큰 위급한 일이 생겨 왕의 특명으로 전 국민에게 비상특별세를 부과하였다고 합시다. 그때 그 네 사람의 대신도 그 납세의 공포를 느끼겠습니까?"

　"느끼지 않을 것입니다."

　"왜 그럴까요?"

　"그것은 네 사람의 대신은 국정을 맡아 최고의 위치에 있어 납세의무의 분을 초월해 있기 때문입니다."

　"그렇습니다. 대왕이여! 그와 같이 아라한도 죽음에 관한 공포의 분을 초월해 있기 때문에 '인간'이라는 말씀에 포함되는 것이 아니며 이에서 완전히 제외되는 것입니다."

　"네, 잘 알았습니다. 마땅히 아라한은 그에서 제외되겠으며 그 밖의 인간들만이 공포를 느끼며 죽음을 두려워하겠습니다.

　그러나 존자여! 그것은 그렇다 하더라도 지옥에 떨어져 격렬무쌍한 대고통을 받아 혹은 수족 사지를 찢기우고, 혹은 화염 속에 불태워지며 혹은 기름가마에 삶아지며, 잠시라도 그 고통을 피할 수도 없이 받는 그러한 대고뇌 속으로부터 벗어나려는 중생도 죽음을 겁내겠습니까?"

"그렇습니다."

"존자여! 지옥은 오로지 괴로움 뿐입니다. 죽음보다 몇만 갑절 쓰라린 곳이 지옥입니다. 그러한 지옥고로부터 벗어날 수 있는 죽음을 그들이 겁낼까요?"

"대왕이여! 범부(凡夫) 중생은 누구든지 죽기를 겁내며 싫어하는 법입니다."

"그렇다면 존자여! 그들이 죽기를 싫어한다면 지옥을 즐긴다는 말씀인가요? 더욱 알 수 없는 말씀을 하시는군요!"

"대왕이여! 죽음을 두려워하는 것은 사제(四諦)의 진리를 깨닫지 못한 범부의 근성입니다.

대왕이여! 사람이 흑사(黑蛇)를 겁내는 것은 뱀이 겁이 나서가 아니라, 죽임이 겁이 나는 까닭입니다. 사자, 호랑, 불, 물, 창검, 화살 등을 겁내는 것은 그 자체가 겁이 나서가 아니라, 죽음 자체가 겁이 나는 까닭입니다.

아직 진리를 모르고 죄장(罪障)을 벗어나지 못한 중생들은 죽음이라는 왕자(王者) 앞에서는 무조건 공포와 전율을 금할 길이 없는 것입니다. 그러므로 고통을 면하고자 하는 지옥의 중생들도 역시 죽음을 겁내지 않을 수 없는 것입니다.

대왕이여! 비유컨대 어떤 사람이 몸에 등창이 나서 고통을 못 견디어 잠시라도 빨리 그 고통을 면하고자 의사를 불렀다고 합시다. 의사는 그를 치료하기 위한 준비로 칼을 날카로이 갈며, 침을 불에 달구며, 무엇인지 돌에 찧어 가루를 만들어 소금물에 탑니다.

그때 그 환자는 예리한 칼끝으로 환부를 절개당하고 불에 달군 침으로 상처를 태우고 골수에까지 스밀 듯한 소금물로 씻어질 것을 생각할 때 두려운 마음이 나지 않을까요?"

"나지 않을 수 없겠지요."

"대왕이여! 지옥 중생도 고통을 면하고자 하나, 죽음 앞에서는 겁내지 않을 수 없습니다.

대왕이여! 또 비유컨대 어떤 사람이 임금에게 불경죄(不敬罪)를 범하고 쇠사슬에 묶인 채 감옥 속에 갇혀 마음으로는 일심으로 석방되기를 염원하고 있었습니다.

그때 임금은 그를 석방하려고 왕의 앞으로 끌어낼 것을 명령하였습니다.

대왕이여! 그 죄인이 국왕 앞에서 '내가 악(惡)을 범했다'고 자인 할 때, 두려운 마음이 나지 않을까요?"

"나지 않을 수 없지요."

"대왕이여! 그와 같이 지옥에 떨어진 중생도 지옥을 벗어나고자 하면서도 죽음을 두려워하지 않을 수 없는 것입니다."

"존자여! 다시 한번 비유를 들어보시오."

"대왕이여! 어떤 사람이 독사에게 물려 죽을 고통을 받고 있을 때, 뱀을 잘 부리는 사람이 고통을 덜어주기 위하여 그 독을 빨아내고 주문(呪文)을 외워 그 독사를 다시 오게 하였다고 합시다. 그때 그 독사에게 물려 고통 받는 그 사람은 또 그 뱀을 볼 때 몹시 겁을 내며 놀라지 않을까요?"

"놀라겠지요."

"대왕이여! 그와 같이 지옥에 떨어진 중생이 지옥고를 면코자 하면서도 죽음에는 겁내지 않을 수 없는 것입니다.

대왕이여! 죽음은 모든 범부 중생의 싫어하는 바입니다. 그런 까닭으로 비록 지옥의 고통을 받는 중생이라도 죽음만은 겁내지 않을 수 없는 것입니다."

"존자여! 잘 알았습니다. 과연 그렇겠습니다. 나는 그와 같음을 인정합니다."

 말법시대에 수천억의 사람들은 단지 자력에 의지해
계정혜를 수행하여 번뇌와 업혹業惑을 다 없애고서
성위聖位의 도과道果를 증득할 수 있는 사람은 매우
드무나니, 단지 믿음 발원 염불의 법문에 의지하여,
그리고 아미타부처님께서 본래 서원하신 본원의 힘에
의지하여 서방에 태어나길 구해야만 비로소 생사를
벗어날 수 있느니라.
-석가세존 '대집경'

45. 황금의 우리檻

이와 같이 나선 비구와 미란 왕의 문답은 문제로부터 문제로 옮겨져 해가 저물고 밤이 깊어가는 줄도 모르고 계속 되더니, 어느덧 밤 이경(二更)을 알리는 소리가 들렸습니다.

미란왕은 시신(侍臣)들의 주의를 받고 그제야 깊은 꿈속에서 깬 듯하였습니다.

"음, 시간이 벌써 그렇게 되었는가!"

그때에 그리스 사람들이 찬탄하였습니다.

"대왕이여! 당신은 참으로 명달(明達)하시고 비구는 참으로 현철(賢哲)하십니다."

"그래, 존자와 같이 현철하신 선생과 나와 같은 사람이 만났으니 어찌 문답의 시간이 길지 않겠는가!"

그리고 나서 왕은 진심으로 오늘의 문답을 만족해 하면서 훌륭한 베옷을 나선 비구에게 공양하였습니다.

그리고는 또 말하기를,

"존자여! 나는 내일부터 팔백일 동안 당신에게 식사를 대접할 것을 시신(侍臣)에게 명령하겠습니다. 그리고 또 나의 궁중에 있는 물건 가운데 당신이 가지고 싶은 것이 있으시거든 계율에 위배되지 않는 한 무엇이든지 마음대로 청구하십시오. 나는 당신을 위하여 기꺼이 내놓고자 합니다."

"대왕이여! 당신의 뜻은 감사합니다만…"

나선 비구는 정중히 말을 이었습니다.

"그러나 나는 지금의 생활에 부자유함이 없기 때문에 대왕의 공양은 다음으로 미루겠나이다."

"존자여! 당신의 생활에 부자유함이 없는 것은 나도 충분히 알고 있습니다.

그렇지만 존자여! 당신은 당신 자신을 보호하심과 동시에 나를 보호해 주셔야 합니다. 나는 당신으로부터 심원(深遠)하고 불가사의한 많은 법을 들었는데, 그에 보답하지 못한다면 어떻게 되겠습니까? 세상 사람들은 반드시 나를 비난하여 '미란왕은 심대한 법의 은혜를 받고서도 보은(報恩)할 줄 모르는 인간이라고 하겠지요. 당신은 그러한 악평으로부터 나를 보호해 주기 위해서라도 나의 공양에 응해주셔야 합니다."

"그렇게까지 말씀하신다면 삼가 받겠습니다."

"감사합니다, 존자여! 또 후일 만나서 다시 남은 여러 가지 문제를 논의합시다."

그리고는 왕은 다시 말을 이었습니다.

"존자여! 가령 백수(百獸)의 왕 사자가 사로잡혀 '우리' 속에 가두어진다면, 설령 그 우리가 황금으로 되었더라도 그는 자연 그리운 바깥 천지에 얼굴을 돌리지 않고는 견디지 못할 것입니다. 나는 비록 왕자(王者)의 부귀에 앉아 있지만 마음속으로는 얼마나 당신네 출가자의 고결하고 자유로운 생활을 부러워하고 있었는지 모릅니다.

그러나 존자여! 만일 내가 왕의 지위를 버리고 하등의 보호가 없는 출가자의 생활에 든다면 나는 곧 사람들에게 죽임을 당하고 말 것입니다. 왜냐하면 나는 너무도 많은 적(敵)을 두었기 때문입니다…."

선남자야,
대자대비를 불성이라고 이름 한다.
왜냐하면, 대자대비는 보살을 따름이
그림자가 형상을 따르는 것과 같다.
일체 중생이
반드시 대자대비를 증득해야 한다.
그러므로 일체 중생은 모두 불성이 있다
고 말하는 것이다.
대자대비를 불성이라고 하고,
불성은 여래라고 하며,
대희대사는 불성이라고 한다.
  ―대반열반경

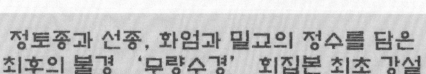

시방세계의 건립은
모두 중생의 공업(共業)으로 이루어진 것이요,
유식(唯識)으로 나타난 것이어서
인연에 의하여 의탁하지 않은 것이 없다.
그러므로 비록 바깥 경계인 것 같으나
바로 일심으로 돌아가고 마는 것이다.
극락국토는 아미타불이
청정한 팔식(八識)으로 이룩한 정토로서,
만약 중생이 일심으로 염불하면
정념(正念)이 부처님의
정식(淨識) 중에 투입되는 것이다.

연관스님/보정거사 번역
46배판 | 250쪽 | 10,000원

《아미타불 48대원》
- 무량수경 · 아미타경과 정법개술(淨法槪述)

아미타불!
이 부처님 명호는
만덕萬德을 갖추고 있습니다.
내가 아미타불을 염하면,
나의 마음은 바로 이 한마디 아미타불입니다.
이 한마디에는 아미타부처님의 만덕이 들어있어
나의 마음을 성취합니다. 그래서
나의 마음은 아미타여래의 만덕을 불러와서
불가사의를 직접 깨칠 수 있습니다.

-정토삼부경과 염불감응록-

(아미타경 · 무량수경 · 관무량수경 · 정종심요 · 아미타불 염불감응록)

"염불할 때가 곧 견불見佛할 때이다"
생사 해탈 성불의 길 · 안락 평화 행복의 길

"염불 수행자의 목적은 정토에 태어나 성불하는 것입니다.
정토종의 깨달음(解門)은 정토삼부경에 의지하고
정토종의 실천(行門)은 곧 한마디 '나무아미타불'입니다"

무량수여래회 편역 | 국판 148*210 | 366쪽 | 13,000원

일생에 육도윤회를 벗어나 성불하는 지름길

어떤 중생이나 여러 생을 지내지 아니하고
일생에 염불한 공덕으로 육도윤회를 벗어나
극락세계에 왕생하여 아미타불의 설법을 듣고
필경에는 성불하는 법문이 연종蓮宗법문이다

《불멸不滅의 길 연종집요》
홍인표 지음 | 150 * 210 | 부분 컬러 | 254쪽 | 12,000원

성현과 범부가 함께 닦는 성불의 지름길!
"염불은 가장 쉬우면서도 모든 법문을 뛰어넘는다!"

이 염불법문은 문수보살과 보현보살 등 여러 대보살로부터
마명·용수 등 여러 대조사들과, 천태·영명·초석·연지대사 등
여러 대선지식들에 이르기까지, 모두 한결같은 마음으로 귀의하신 가르침이다.
그런데 내가 뭐라고 감히 귀의하지 않는단 말인가.
- 철오 선사

주세규 편저 | 128*188㎜ | 452쪽 | 14,500원

參禪卽是念佛 念佛卽是參禪
참선이 곧 염불이요 염불이 곧 참선이다

나선비구경(밀린다왕문경)

1판 1쇄 펴낸 날 2017년 7월 7일
1판 2쇄 펴낸 날 2019년 2월 22일
1판 3쇄 펴낸 날 2020년 5월 23일

편역 제안용하 스님
발행인 김재경 **편집 · 디자인** 김성우 **교정** 이유경 **제작** 경희정보인쇄

펴낸곳 도서출판 비움과소통
　　　경기도 파주시 하우고개길 151-17 예일아트빌 103동 102호(야당동 191-10)
　　　전화 031-945-8739 　팩스 0505-115-2068
홈페이지 blog.daum.net/kudoyukjung 　**이메일** buddhapia5@daum.net
출판등록 2010년 6월 18일 제318-2010-000092호